在创新中发展

——高等教育教学改革探索与实践

毕　剑◎主编

四川大學出版社
SICHUAN UNIVERSITY PRESS

项目策划：毕　潜
责任编辑：毕　潜
责任校对：胡晓燕
封面设计：墨创文化
责任印制：王　炜

图书在版编目（CIP）数据

在创新中发展 ：高等教育教学改革探索与实践 / 毕剑主编. — 成都 ：四川大学出版社，2021.2
ISBN 978-7-5614-6756-5

Ⅰ. ①在… Ⅱ. ①毕… Ⅲ. ①高等教育－教学改革－中国－文集 Ⅳ. ①G649.21-53

中国版本图书馆 CIP 数据核字（2021）第 026171 号

书名　在创新中发展——高等教育教学改革探索与实践

主　编	毕　剑
出　版	四川大学出版社
地　址	成都市一环路南一段 24 号（610065）
发　行	四川大学出版社
书　号	ISBN 978-7-5614-6756-5
印前制作	四川胜翔数码印务设计有限公司
印　刷	成都东江印务有限公司
成品尺寸	148mm×210mm
印　张	8.5
字　数	226 千字
版　次	2021 年 5 月第 1 版
印　次	2021 年 5 月第 1 次印刷
定　价	88.00 元

◆ 读者邮购本书，请与本社发行科联系。
电话：(028)85408408/(028)85401670/
(028)86408023　邮政编码：610065
◆ 本社图书如有印装质量问题，请寄回出版社调换。
◆ 网址：http://press.scu.edu.cn

四川大学出版社
微信公众号

前　言

烽火岁月于白山黑水肇端，不忘初心在巴蜀大地兴业，斗志昂扬为创师大振兴路。四川师范大学历经 74 年极不平凡的办学历程，薪火相传，扎根巴蜀大地办学，开拓创新，凝心聚力锐意改革进取，始终以习近平新时代中国特色社会主义思想为指导，秉持“学生中心、教师主体、引领社会”的办学理念，坚持“质量就是生命线”的基本遵循，践行“课程体系、成长环境”的教育理念，坚定不移落实立德树人根本任务，推进学校内涵式发展，为全面建成特色鲜明的高水平综合性师范大学而不懈奋斗。

勇担重任，主动求变，新时代激发新担当。时代越是向前，知识和人才的重要性就越发突出，教育和教师的地位和作用就越发凸显。教师是立教之本、兴教之源。一个人遇到好老师是人生的幸运，一个学校拥有好老师是学校的光荣，一个民族源源不断地涌现出一批又一批好老师则是民族的希望。新时代的好老师，不会固守在经验化的自我满足之中而止步不前，而是敢于迎接时代挑战，勇于探索，开拓新路子、新方法，做一个主动的变革者。高校教师更要顺应时代发展，主动求变，探索出适应时代发展、全新的教学模式，让教学从“新鲜感”向“新常态”转变，从“单声道”向“双声道”转变，从“教师中心”向“学生中心”转变，以全新的理念培养学生各方面的综合能力，培养符合国家需要的创新型人才。

砥砺奋进，改革创新，新征程呼唤新作为。青年教师是学校可持续发展的核心力量和后备力量，是教育教学创新的生力军。而青年教师的教学能力提升是高校面临的最大问题，为此，我校展开了一系列尝试。开展新进教师培训，促进新进教师尽快适应教学工作；开展骨干教师培训，促进其成为各单位教学骨干；开展卓越教师培训，培养一批具有先进教育理念、富有创新精神的教育家型教师；开展主题培训，提升教师开展专项教学工作的能力；开展教研活动，推进教师教学深度交流，促进教师教学理念和方法的持续更新；开展教师教学竞赛，以赛促教，激发教师教学创新活力；加强教学咨询服务，满足特色化人才培养和教师个性化专业发展的需要；支持国内外进修学习，拓展教师教育新视野，提升教师的教学水平和教研能力。

潜心钻研，笔耕不辍，辑录成集结硕果。为了强化优秀教育科研成果的交流与推广，鼓励更多青年教师积极、深入地开展教育教学研究，营造更加浓厚的教研氛围，促进教师的专业水平和教学能力的提升，真正推动学校内涵式发展，编者从青年讲师教学能力提升培训班和卓越教师培养研修班中择优遴选出28篇教研论文，并根据论文的研究内容，分为三部分结集出版。第一部分“综合研究”，教师们围绕教育理念、教学现状、课程建设及人才培养等方面进行理论思考，通过反思课堂教学中的误区，积极转变教学观念，寻求解决问题的对策，为本科教育教学改革提供借鉴和示范；第二部分“教学实践”，结合教师课程教学实际，通过对“线上线下混合式教学”“翻转课堂”“泛在课堂”“项目式教学”“探究式教学”等教学方法和手段的思考，探索课堂教学改革，寻找“两性一度”标准下金课的打造方法；第三部分“技术创新”，重点围绕信息化教学方式改革进行思考，探析虚拟实验室系统框架建构、数字电子技术教改、信息化教学风险管控、在线直播课程建设等内容的设计与实践，进一步提升广大师生的信息素养和应用信息技术的能力，提高学校教学信息化的应用水平和效能。

纳川成恢宏，创新启未来。本书来自我校一线青年教师的真实感悟和改革探索，凝聚了他们辛勤教育、潜心研究的点点心血，其理论研究、实践反思和技术创新的结论或可推敲，但也不乏真知灼见，鸿篇大论不厌其详，点滴之语不争其陋。本书展示了青年教师求真务实、奋进创新的风采，他们击楫中流，扎根实际，敢于在探索中前行，善于在实践中反思，勇于在创新中发展，不断绽放出远见卓识，汇聚成思想火花，用求索、奋进、创新为教育改革当先锋，为学校发展增底色。

希望本书能为高校教师的教学改革、教学研究和人才培养等工作提供借鉴和参考。由于时间匆忙与编者水平有限，书中的错误和疏漏之处恳请专家同仁批评指教。

编　者
2020 年 12 月

目　录

第一部分　综合研究

STEM 教育理念下财务共享与会计教育深度融合研究 ………………………………………………… 吕　沙（3）
创新创业教育与经管专业教育融合研究 ………… 张　华（16）
职前教师课堂场景视知觉特征的眼动研究
——以缺乏教学经验的师范生为例 … 沈　莉　蒋华丽（27）
高校美术教学现状与对策研究 …………………… 宁　婷（44）
疫情推动下高校在线教学的思考 ………………… 王娟涓（54）
学前教育跨专业方向升本学生状况和学习期望的调查
——以四川师范大学应用技术学院 2016 级学生为例 ………………………………………………… 黄　景（67）
广播电视编导专业在“媒体融合”环境中的人才培养探索
——以四川师范大学广播电视编导专业为例 … 骆志伟（78）

第二部分　教学实践

基于“金课”导向的项目式学习（PBL）教学模式探究
……………………………………… 方　涛　赵晴凌（91）
“金课”标准下高校游泳课程教学设计的探讨
——以四川师范大学体育学院游泳课程为例 … 王　波（103）
高校思想政治理论课线上线下混合式教学模式改革思考
——以“中国近现代史纲要”课程为例
……………………………………… 黄雪垠　钟玲玲（113）
基于“雨课堂”的混合教学模式改革
——以“和声”课程为例 ……………………… 黄　菊（123）
信息化驱动的泛在翻转课堂协同构建研究 ……… 李康荣（128）
“翻转课堂”在“中国新闻传播史”课程中的运用
……………………………………………… 潘理娟（137）
“大众游泳”线上开放课程建设的现状分析
……………………………………… 喻雪莲　张　霞（146）
高校展示设计课程中加入本土“非遗”文化的探索
——以成都为例 ……………………………… 卢　建（158）
高等师范院校美术学专业国画语言研究课程的阶梯式教学研究
——以川师美院为例 ………………………… 李彦瑾（166）
普通本科院校双语教学课程建设的思考 ………… 龚　雪（174）
建构探究式的中国古典舞袖舞教学
——高校舞蹈专业学生内在学习动机的激励 … 熊　曦（183）
高校中国民族民间舞蹈课程教学反思 … 陈　倩　袁耀林（192）

第三部分 技术创新

以学生发展为中心的数字电子技术教改研究
…………………… 唐彰国 赖 繁 廖 磊 周晓林（201）
高等教育中专业课教学改革的思考与实践
——以新冠疫情期间无机化学教学为例 ……… 宁张磊（212）
普通高校信息化教学风险管控的几点思考 ……… 张 军（217）
在线直播课程“翻转”探究 ………………… 全 亮（224）
微课在 Linux 服务器配置与管理课程中的应用
……………………………………… 陈 睿（240）
数据思维在非计算机专业交叉学科课程改革中的应用
——以“融合新闻报道”课程为例 …………… 胡 晓（247）
信息化课堂教学方式改革探析及思考
——基于雨课堂平台的课程改革探索 ………… 赵光妍（253）

第一部分

综合研究

Part1

STEM 教育理念下财务共享与会计教育深度融合研究

吕　沙
四川师范大学商学院

摘　要：作为供给侧的高校迫切希望创新会计人才培养模式，而作为需求侧的企业则迫切希望提升财务共享在财务管理中的应用质量，国外已开始在商科专业进行 STEM 项目化，基于此背景，首先分析了 STEM 教育的理论基础，然后简述了财务共享对于会计学人才能力的新要求以及会计 STEM 教育的障碍因素，详细分析了财务共享时代下会计教育中 STEM 的特征，最后从会计学专业构建了深度融合财务共享的会计专业 STEM 教育模式，并以“管理会计”课程为例详细分析了课程中融合财务共享的课程 STEM 模式。以上融合发展使得会计学混合式教育给本科教学带来实质性革新，教师也将更新知识和观念，学生将更新学习方式。

关键词：STEM；财务共享；会计；融合

基金项目：教育部产学合作协同育人项目：财务共享背景下《管理会计》教学内容与课程体系改革（201901188012）。

目前人类社会已进入信息技术时代，快速变化和不确定性是基本特征，互联网+、人工智能、基因编辑技术等高新技术发展迅速，不管身处哪个行业、从事何种专业，都应具有素质高、创新力强的复合型能力。基于此背景，STEM 课程诞生了，其源于美国国家科学委员会发表的一篇报告，旨在培养跨领域、跨专业的复合人才[1-6]。最开始时 STEM 课程偏向于理工科，但最近几年美国商学院部分专业也完成了 STEM 项目化，比如传统商科中的金融（金融工程除外）、会计等，由于商学院项目本来与数学、统计就有大量的交叉，再加上大数据、人工智能等现代科学技术的快速发展深入影响了商科专业，因此十分具备成为 STEM 专业的资质。另有一些学校商学院的信息系统管理项目也纷纷增加了数据分析的方向。比如罗切斯特大学西蒙商学院是美国第一所也是唯一一所提供 STEM MBA 课程的商学院，除了 MBA 项目，其商业分析硕士、市场分析硕士、金融硕士也属于 STEM 项目。值得一提的是，该校的会计硕士也于 2018 年认证为 STEM 项目，这是目前所知的会计学 STEM 项目化的首个项目。

财务共享服务起源于 20 世纪的美国，中国近些年财务共享服务发展迅速，尤其是进入互联网+时代以后，中国在大数据、人工智能、云计算等方面有了跨越式发展，硬件已不是发展中的障碍，到 2015 年中国已有近 50%的中央企业开始实施财务共享中心（ACCA、德勤管理咨询），这一比例还是远低于欧美企业 90%的数据。与一般的企业财务管理模式不同，财务共享服务中心的优势在于降低成本、提高财务管理水平和效率、增强核心竞争力。由于我国对财务共享的开发和应用相对较晚，在这方面与领先的国外企业还是存在一些差距，大部分财务共享服务中心没有发挥最大作用，主要原因在于现阶段的会计人员达不到要求[7-9]。

财务共享对企业会计人员的要求更高，比如大数据分析与挖掘能力、数据库操作能力、数值分析与统计能力等，而且还要将财务能力上升到经营决策能力，快速应对市场变化和外部环境变化，利用已有数据为企业经营出谋划策[10-11]。

财务大数据时代呼唤创新型人才，但是传统的会计课程已经不能跟上时代发展，尤其是互联网+时代的迅猛到来，传统的知识与社会应用脱钩，而企业又急需相应的人才。因此，作为供给侧的高校迫切希望创新会计人才培养模式，而作为需求侧的企业则迫切希望提升财务共享在财务管理中的应用质量，这是当下会计专业面临的主要矛盾，也正是本文研究的问题。同时，我国目前的 STEM 教育项目对象主要是中小学生，对于大学会计学本科的 STEM 研究在国内尚未有涉及，无经验可以借鉴。

一、STEM 教育的理论基础

建构主义以“学生为中心”，而不是以“教师为中心”，即“生—生”教学模式，倡导学生发挥主动性，积极完成意义建构。STEM 教育强调项目导向和问题导向，通过真实的学习情境培养解决问题的实践能力。以项目导向为例，学生可以通过项目分析、项目计划的制订、项目解决的过程来完成意义的建构，项目导向完美地实现了建构主义理论中的四个要素。因此，建构主义理论对 STEM 教育项目的建设具有重要的指导意义。

多元智能理论认为人的智力不只单一一种，而是一组组成，会计学课程的 STEM 项目化可以充分发挥和挖掘学生的多种智能，培养学生解决问题的综合能力，科学数学技术工程方面对应于智力的多方面，全面开拓多种思维。同时，对应于多元智能的学习方式，也要采取多元化的评价方式。

二、会计教育中 STEM 的价值体现

（一）财务共享对于会计学人才能力的新要求

新时期的会计从业人员应该具备很好的数学基础，精通定性分析方法和定量分析工具，从而从容应对各种复杂数据，因此，

在财务共享服务时代，需要提升管理会计人员的能力，即企业战略思维、数据分析能力、软件操作能力和综合业务能力。

1. 会计信息业务能力

财务共享服务利用信息技术来处理会计操作，可取代手工会计操作。信息化业务能力是财务共享服务的重要能力，如数据分析和软件操作，有必要在会计教育中全面加强和提高学生的相关能力，这样就可以取消手工会计，提高会计效率，降低会计成本，实现高效的预算编制和成本控制。

2. 综合业务能力

财务共享服务能实现企业财务战略转型，让财务体现出价值增值，促进财务人员由只懂操作转型成为懂业务、懂分析、懂战略的高级财会人员，不仅可以利用现代信息技术和分析方法制作财务数据，而且可以从集团整体上提出战略规划，对企业的经营管理进行监督和控制，确保战略目标的实现。

3. 整体思维与战略思维能力

财务共享服务中心的数据来自市场和一线，更贴近实际，更能反映环境和市场变化，从事财务共享服务的会计人员需要有战略思维和整体思维，以规划和促进企业的长远发展。

（二）财务共享背景下会计 STEM 教育的障碍因素

财务共享背景下会计 STEM 教育的障碍因素主要表现在以下三个方面（如图 1 所示）。

在教育理念方面，国内高校的 STEM 教育研究和实践目前还只仅限于工程类专业高校，而财务共享也仅是在部分课程中讲解一些概念。然而，会计本科教育的变革不是这么简单和浮于表面的，如何结合互联网技术打破学科界限、推进会计教育高质量的发展，如何培育融合发展的理念与思维方式，目前都还未解决，并且会计教育还停留在传统教育阶段，这一定势将长期存在且阻碍较大。

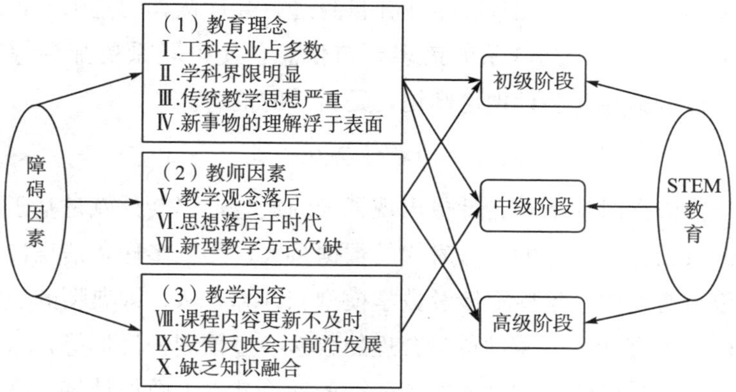

图 1　财务共享背景下会计 STEM 教育的障碍因素

在教师因素方面，大多数教师并未做好准备，仍以传统会计教学模式、教育理念进行教学，停留于学科的分门别类和旧框架，课堂上仍旧以“教师为中心”，并没有深刻认识到变革时代的真正到来，更遑论转型。互联网+时代培养的是综合素质人才，高校教师应致力于思想的建设，与学生的思想产生共鸣，从而衍生出学生独立的思想。

在教学内容方面，尽管目前已有很多高校开展了雨课堂、智慧树等多种翻转课堂形式，并采用了慕课教学资源，有些甚至还是“金课”建设的试点，但会计课程还是会计课程，计算机课程还是计算机课程，即“看山仍是山，观水亦为水”，没有形成系统，还较为零乱。

（三）财务共享时代下会计教育中 STEM 的特征

1. 会计理论加速深化拓展中的科学特征

财务共享促进会计理论加速延伸拓展，比如会计基础在不断变化，企业组织形式从实体扩展到虚拟，虚拟企业的会计与传统的会计存在着较大区别，需要实时数据，这样，财务报表变得不定期，生命周期更加不可预计，计量货币也开始使用诸如比特币之类的虚拟货币。此外，企业在自身进行会计核算的基础上，还会依赖与之有相互联系的诸多环节信息，使得联系更加错综复杂。这些都涉及会计理论知识，是科学的范畴。

2. 云会计广泛应用中的数学特征

大数据时代下，会计也出现了云的概念，云会计就是基于数据云及云计算产生的。云时代的数据量大，类型多样，信息过载现象时有发生，这些都涉及数学模型和计算方法，即典型的数学特征。云会计可以通过科学合理的数学模型预测经济形势，为企事业单位的经营提供最大的帮助。云计算基于大数据计算，会计信息和数据更多地来源于半结构化和非结构化数据。具体来说，在云计算和大数据会计的背景下，传统的会计流程发生了质的变化，云会计可以自动完成传统会计流程中的大部分工作。云计算的过程更加注重数据的归纳和处理、会计核算和会计监管。因此，云计算和云会计中涉及很多数学理论、计算数学等方面的知识，具有显著的数学特征。

3. 会计海量数据应对与处理的技术特征

会计海量数据应对与处理是企业应对时代发展的一种技术，具有现实的生产力，具有明显的技术特征。大数据会计极大地改善了会计资源的配置，大部分书面凭证已经转化为电子凭证。大数据会计根据会计对象的不同，将会计分为数据采集、处理和输出三个阶段。在采集阶段，大数据会计打破了传统的时间和空间约束，实现了数据处理的自动化，可以采集内部业务和外部环境信息，这些信息包括生产资料信息、银行借贷信息、下游交易信息、竞争对手信息等。在处理阶段，云会计利用云计算，识别、挖掘、清理、分析第一阶段获得的信息，从中提取有价值的数据。在输出阶段，可根据需求的不同，实时、差异化、个性化地生成不同的报表。

4. 财务共享中心强调的工程特征

企业利用大数据平台建立基于标准的数据仓库，企业数据仓库建立后，标准化数据可导入、导出。不仅要纵向分析企业的发展历史，还要收集公开披露的相关会计数据，建立会计数据资源库，与企业进行业务对比，提供分析报告，以提高企业的决策能力。因此，财务共享中心具有典型的工程特征，即利用共享技术解决企业的实际问题。

三、深度融合财务共享的会计专业 STEM 教育模式构建

（一）融合财务共享的 STEM 教育核心与过程

STEM 课程的核心价值是以科学技术、工程技术和数学等理工学科知识为桥梁，以新技术和实践应用为主要原则的跨学科整合，整合的过程必然涉及财务共享的基础——大数据、软件科学、计算数学等，即以财务共享为纽带，将多学科课程有机融合到一起，利用不同学科间的相互联系，帮助学生在理解学科知识的相通性和渗透性的基础上对知识进行跨学科整合，进而提高学生综合应用多学科知识解决实际问题的能力，也能促进学生认识到世界的不同侧面，发展复合型思维。

融合财务共享的 STEM 教育课程可分为以下三个阶段。

第一个阶段是“看山是山，观水亦水”的初级阶段。知识融合的前提在于深刻理解知识，各类基础学科的知识课程是必不可少的，初级阶段课程以大学本科通识教育及专业基础课程为主，然后根据 STEM 课程的特点和财务共享知识增加部分课程，比如有利于数据分析的数据结构课程。初级阶段主要以培养思维以及学生自主的学习习惯为主。教师在这个阶段要注意将 STEM

的理念融入课程中，有意识地运用多种方法采用项目引导教学，尤其注重培养会计学专业学生所缺乏的理工科的STEM思维。

第二个阶段是“看山非山，观水非水”的中级阶段。在深入学习各学科知识的前提下，学生已具备了用所学知识解决专业问题的能力，中级阶段课程以大学专业课程为主，辅以开设特色的STEM课程，同时将财务共享知识融入相关课程，从而形成有机结合体。教师在这个阶段要以项目为导向或以问题导向，引导学生开始尝试融入各种知识初步解决问题，主要培养学生多角度思考问题的能力。

第三个阶段是“坐观山水，自然之道”的高级阶段。经历前两个阶段的深入学习，学生已初步具备了融合应用各类知识的能力，且具有应用知识解决问题的欲望。高级阶段课程以专业选修课和实践课为主，通过项目教学和体验式教学，综合应用多种方法，灵活地解决实际问题。到此阶段，学生应具有完整的解决问题的STEM思想方法。

（二）会计学专业STEM教育总框架

通过STEM教育将财务共享与会计专业深度融合，变革现有会计教育体系，从教师到教学模式，从教材到教学资源，从学生到学习方式，都要发生改变，呈现崭新的面貌。基于STEM教育理念的财务共享与会计学深度融合教学对于整个会计学专业的规划如表1所示。

表 1 会计学专业 STEM 教育总框架

课程类别	基础教育类		专业教育类				辅助教育类	实践教学
	通识基础课程	管理基础课程	专业主干课程	专业方向课程组			专业选修课	
具体课程	德育、政治经济学、中国革命史、邓小平理论、毛泽东概论、外语、线性代数、微积分、概率论，数理统计、逻辑学、大学语文、财经应用文写作、计算机基础、工艺学（或物理学）、体育等	管理学、微观经济学、宏观经济学、管理信息系统、统计学、法律基础及经济法、税法、财政学、金融学、计算机应用、证券投资学、货币银行学、会计职业道德、会计学导论	基础会计学、中级财务会计学、成本管理会计学、财务管理学、审计学、会计电算化、高级财务会计	会计方向课程组：企业集团与跨国公司会计、会计法、税务会计、人力资源会计、环境会计	财务管理方向课程组：高级财务管理、财务分析、战略财务管理学、管理政策与策略、金融机构管理、跨国公司财务	审计方向课程组：经济效益审计、计算机审计、管理咨询、集团会计与审计、财务审计、纳税咨询	会计史、会计理论、会计报表分析、行业会计比较、物价变动会计、社会保障会计、社会责任会计、资产评估学、网络技术与应用、会计制度设计、建筑工程预算、决策理论、保险学、国际经济法、运筹学、国际贸易	会计模拟实验（包括手工、电算化模拟）、社会调查、毕业实习、毕业设计、案例分析讨论等
STEM 特征	科学+数学	技术	技术	技术	技术	技术	技术	工程
理论侧重	认知主义	认知主义	行为主义	行为主义	行为主义	行为主义	行为主义	建构主义
财务共享	初级阶段		中级阶段				高级阶段	
教学方式	项目式教学	体验式教学	体验式教学	项目式教学	项目式教学	项目式教学	项目式教学	体验式教学
学习模式	讲授+翻转课堂	讲授+翻转课堂	讲授+翻转课堂	讲授+翻转课堂	讲授+翻转课堂	讲授+翻转课堂	讲授+翻转课堂	讲授+翻转课堂

具体而言，大学阶段的会计学课程可以分为三种类型，分别具有不同的特征，同时也对应不同的财务共享阶段，获取不同的知识，采用不同的教学方式。基础教育类课程是科学加数学的知识的学习和领悟过程，主要是认知主义，这个阶段主要融入财务共享的初级知识，教学上采用项目导向、问题导向的方式。专业教育类课程是技术知识的学习，是会计“技术”的熟练掌握的必经过程，这个阶段主要融入财务共享的中级知识，教学上采用项目导向以及体验式的方式。辅助教育类课程及实践教学是技术加工程的知识的学习，是对大学阶段融会贯通的领悟，因此这个阶段要融入财务共享的高级知识，以建构主义为指导，真正做到具有能解决一定实际问题的工程能力。

（三）“管理会计”课程中融入 STEM、财务共享的实施策略

在完成整个会计学专业的实施架构后，如何从一门课入手开始融合策略呢？以“管理会计”课程为例，如表 2 所示，该课程是会计学专业的一门核心专业课。“管理会计”课程有 11 章，每一章都以一个 STEM 特征为主开展教学，具体实施时可以每一章设计一个或多个项目，在项目中融入财务共享知识，这样一学期课程结束后，学生就相当于参与了数十个项目，解决了数十个问题，对于 STEM 的掌握和财务共享的理解也将达到新的高度。

表 2　“管理会计”课程 STEM 教育

“管理会计”课程内容		STEM 特征	财务共享
第 1 章 管理会计概论	1.1 管理会计的定义	科学	
	1.2 管理会计的形成与发展		
	1.3 管理会计的基本理论		
	1.4 管理会计与财务会计的区别与联系		

续表2

“管理会计”课程内容		STEM 特征	财务共享
第 2 章 变动成本法	2.1 成本的概念及其分类	数学	成本管理能力
	2.2 混合成本的分解		
	2.3 变动成本法与完全成本法		
第 3 章 本量利分析	3.1 本量利分析的基本假设	数学	
	3.2 本量利分析		
	3.3 本量利分析的扩展		
第 4 章 经营预测	4.1 销售预测	科学	营运管理能力
	4.2 成本预测		
	4.3 利润预测		
	4.4 资金需要量预测		
第 5 章 经营决策	5.1 产品功能成本决策	科学	营运管理能力
	5.2 品种决策		
	5.3 产品组合优化决策		
	5.4 生产组织决策		
	5.5 定价决策		
第 6 章 存货决策	6.1 存货的成本	科学	营运管理能力
	6.2 经济订购批量		
	6.3 存货决策模型的扩展应用		
	6.4 不确定情况下的存货决策		
	6.5 零存货管理		
第 7 章 投资决策	7.1 投资决策的基础	科学	投资管理能力
	7.2 投资决策指标		
	7.3 几种典型的长期投资决策		
	7.4 投资决策的扩展		

续表2

"管理会计"课程内容		STEM特征	财务共享
第8章 标准成本法	8.1 标准成本及成本差异	数学	成本管理能力
	8.2 变动成本差异的计算、分析和控制		
	8.3 固定制造费用成本差异的计算、分析和控制		
第9章 作业成本计算法	9.1 作业成本计算与决策有用性	数学	成本管理能力
	9.2 作业成本计算法的基本理论		
	9.3 作业成本计算		
第10章 预算管理	10.1 预算与预算管理	技术	
	10.2 预算管理的框架体系		
	10.3 预算的编制		
第11章 业绩考核	11.1 以企业为主体的业绩考核	技术	绩效管理能力
	11.2 以责任中心为主体的业绩考核		
	11.3 基于EVA的业绩考核		
	11.4 基于战略的业绩考核		

四、结论

国外会计学教育STEM化还处于开始阶段，国内的STEM教育仍局限于工程类专业。提高一般本科院校会计学专业学生的就业能力，在现有教育中推行STEM教育，并与当下时代发展紧密结合，即融入财务共享，是本文欲解决的、也是国内外会计学教育中即将面临的问题。由本文的分析可以看出，会计学具有明显的STEM特征，在会计学中实施STEM具有充分的可行性。另外，融合发展使得会计学混合式教育给本科教学带来实质性革新，教师将更新知识和观念，学生将更新学习方式，主动式学习和碎片式学习方式将使其受益终生。

参考文献：

[1] 秦瑾若，傅钢善．面向STEM教育的设计型学习研究：模式构建与案例分析［J］．电化教育研究，2018，39（10）：83－90.

[2] 高凯涛，高杰，贾嫚．STEM教育理念下技术与课程的融合探究［J］．现代教育技术，2018，28（9）：107－113.

[3] 杨博衎，顾卫．STEM教育策略与教学方案实施探究［J］．中国教育信息化，2018（18）：26－27.

[4] 李春玲，肖远军．推进美国STEM教育改革的政府行动：缘由、目标与措施［J］．全球教育展望，2018，47（7）：48－56.

[5] 张萌雪．基于STEM教育的课程设计研究［J］．课程教育研究，2018（26）：8.

[6] 徐奕菊．我国高校STEM教育研究状况及发展趋势综述［J］．文教资料，2018（16）：117－118，182.

[7] 夏菁，周婉怡．大数据背景下会计人才的全新培养模式思考［J］．财会月刊，2018（2）：124－128.

[8] 裴霞．财务共享趋势下高校会计专业培养模式的转型研究［J］．教育财会研究，2015，26（4）：85－88.

[9] 田高良，杨娜．基于财务共享服务的高校会计人才培养改革探讨［J］．大学教育，2016（10）：171－173.

[10] 王钊．基于财务共享的高校会计人才培养模式研究［J］．中国管理信息化，2017（19）：40－42.

[11] 毛雪黎．财务共享服务模式下的管理会计人才培养［J］．商业会计，2017（24）：128－129.

创新创业教育与经管专业教育融合研究

张　华
四川师范大学应用技术学院

摘　要：创新创业教育是以培养具有创业基本素质和开创性个性人才为目标，以培育学生的创新意识、创业精神、创新创业能力为主的教育，训练学生基本的创业技能，培养具有创新思维和创业能力的高素质人才。经管专业教学目标之一是为企业培养适应经济社会不断变化的高级应用型人才，两者的有机融合能更好地提高人才培养质量。本文从创新创业教育现状、两者融合路径等方面展开论述，提出切实可行的解决措施。

关键词：创新创业；经管专业；融合

一、当前创新创业教育存在的问题

习近平总书记在全国教育大会上指出，要提升教育服务经济社会发展能力，推进产学研协同创新，积极投身实施创新驱动发展战略，着重培养创新型、复合型、应用型人才。党的十八大以来，习近平总书记对创新发展和高校创新人才培养发表了一系列重要讲话，深刻揭示了教育和经济社会发展的内在规律，为国家2035年实现教育现代化和做好高校新时代创新创业教育工作提供了根本遵循。但是，从当前经管教育的培养现状来看，尚存在如下问题亟待解决。

（一）学生普遍创新创业意识不足，创业意愿不强

当前，经管类学生普遍对书本以外的知识扩展兴趣不浓，对教师布置的创新任务不太积极主动，加之大部分学生的家庭经济收入尚可，没有创业的冲动和意愿。我们对学生做过多次不完全调查统计（图 1），显示“直接创业”或“立即创业”的学生寥寥无几，即使是“工作 3～5 年后创业”的选择也很有限，这在很大程度上代表了学生的心声。

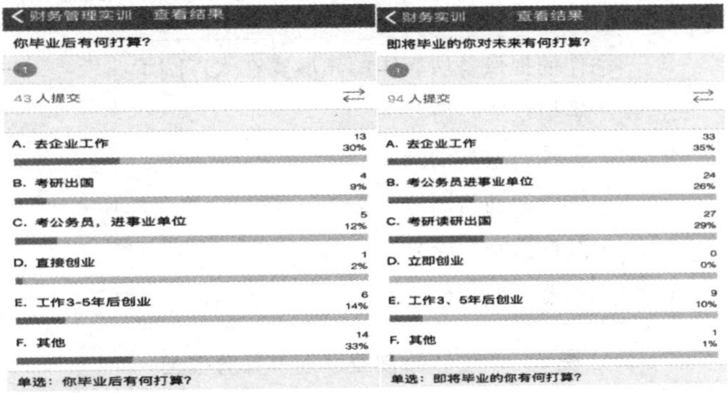

图 1　学生创业意愿调查截图

（二）学生创新创业能力不足

创新能力不足是当前经管专业创新创业教育中存在的最大问题。培养创新能力，尤其是对经管专业而言，不能固守现有的思维模式，要以培养有别于常规思路的见解为导向，利用已有知识体系，本着理想化需要去改进或创造新的事物（包括产品、方法、元素、路径、环境）的能力。随着国家双创政策的逐步推进，也有学生开始愿意去创新与创业，但限于自身的知识结构和能力水平，导致创新层次不高、创业方案不具操作性、实际创业中遇到各种发展瓶颈等。

图 2 是笔者曾经辅导过的学生的一份原始创业计划书的部分截图，可以看出，该学生未能掌握创业计划书的核心，不能很好

地将自己的创意呈现给评委及其他相关人。学生初次提交的计划书只是教科书式的要点堆砌，没有较为形象生动的创新思想与内容，无法让读者了解其内心的想法。这个例子反映出，我们的专业教育存在一定的问题，在更大程度上是学生创新技能的能力未被充分发掘，需要进行有针对性的专业化辅导，在学生已有的专业背景与技术水平上，丰富思想，夯实内容，增强创新创业计划书的可操作性与实效性。图 3 是经过多次指导沟通后学生修改的计划书的部分截图，可以看出，该计划书水平得到明显提升。

动作捕捉设备所应用的领域实在太广阔了：

- 虚拟现实与游戏
- 影视特效与动画
- 体育运动与训练
- 医疗诊断与康复
- 军事模拟与训练

图 2　学生原始创业计划书部分截图

2.3.1　虚拟现实游戏

传统的 3D 游戏中，游戏的交互方式是通过键鼠来进行交互。这种交互方式在传统的 PC 和游戏主机中应用十分合适，但在虚拟现实的交互中却显得十分原始。

使用 Light Touch 虚拟现实交互系统，用户可以在虚拟世界中做到真正地像现实世界一样与虚拟现实的世界进行交互。在虚拟现实游戏中，玩家可以完成捡起地上的游戏道具、使用武器射击、伸出双手施放法术等在传统的交互中难以做到的动作。

图 2－3　Judgement Day 游戏画面

图为成都光点智造有限公司开发的 Judgement Day VR 射击游戏画面

图 3　学生修改后的计划书部分截图

（三）经管专业教育与创新创业教育存在脱节现象

目前，大部分高校经管专业开展的创新创业教育相对比较单一，还停留在通识教育层面。“创新创业知识”在经管专业的《人才培养方案》《教学大纲》《课程实施大纲》以及课堂教学中未能得到很好的融入。以财务管理专业为例，在《教学大纲》《课程实施大纲》以及课堂教学中都会讲如何编制预算的问题，如何做投融资规划的问题，但是在我们的课堂中，基于多方面的原因，未能很好地结合创新创业项目进行有针对性的模拟，所以当我们的学生真正需要去做《创业计划书》时，显得力不从心、无从下手，以至于设计的创新创业方案完全不具有操作性。因此，如何多途径和多渠道地将创新创业教育和经管专业教育进行更好的融合，是新时代创新创业大背景下提升学生创新创业能力重要而紧迫的任务。

二、创新创业教育与经管专业教育融合的主要形式

创新创业教育与经管专业教育融合路径概括起来主要有下面三种实现形式。

（一）引进来

创新创业教育不是以独立的形式存在于教学过程中，而应当主动地将其引进《人才培养方案》，引进专业课程教学实践中，放在经管专业课程设置中的重要位置，以便增强对学生专业课程的引领与嫁接。通过专业课程与创新创业教育的融合与交叉，增强学生融会贯通的能力，帮助学生学习创意创新创业的知识、技能和理念。清华大学的“三创”（创意、创新、创业）空间就很好地实现了专业课程与创新教育的融合，在其《人才培养方案》中将课程不同阶段的内容固化到创新实践中，既增强了专业课程的生动性，又提升并激发了学生的创新创业热情与思维。

（二）增体验

体验式教学是学生将理论与实践结合的较好方式，也是倡导学科交叉、探索未知、体验式学习与团队协作的教育理念的具体化，有助于围绕“三创”探索新型的人才教育模式，帮助学生学习创意创新创业的知识、技能和理念，培养学生的创造力，包括创造性精神、创造性思维、创造性能力和执行能力，造就新一代的创新型人才。在经管专业课程设置中，要注重主动通过搭建“课程与创业”体验类理论与实践相结合的平台，采取创办专业模拟公司（如大学生实验超市、模拟银行等），增强学生的创业体验，将不同学科的学生打造成一个创业团队，以充分发挥各自的专业特长。

清华 x-lab 就是一个具有代表性的公益开放平台，持续接收来自清华大学的学生、校友和老师的创意创新创业不同阶段的项目，并为他们提供学习机会、活动机会、培育指导、资源和服务。目前，围绕学习、活动、资源和培育四个功能板块搭建平台，从创意、创新和创业三个维度推进，持续开展一系列相关工作，包括：与清华大学研究生院共同推出“清华大学学生创新力提升证书”课程；逐步搭建起纵横布局的创新中心，为学生提供专业领域的训练、指导和咨询；根据不同类型的项目团队，开展有针对性的系列活动，如创新工作坊、驻校企业家(Entrepreneur-in-Residence）和驻校天使（Angel-in-Residence）咨询服务、北极光系列创新讲座等；提供学习和实践场所。

（三）打比赛

创新创业最为重要的操练平台就是各种比赛，高校要主动通过搭建创新创业竞赛类实践平台，依托各种形式的创新创业竞赛，以此提高学生的创新创业意识和能力，这其中就包括“大学生创新创业训练计划大赛”“互联网+”“创青春”国赛和省赛以及各种行业性质的创新创业竞赛、校内自行组织的小型竞赛等。我们可以借鉴清华 x-lab 的模式，成立 7 年多来，已经有超过 3 万人次的清华大学及社会的青年学生参与了清华 x-lab 组织的各类讲座、比赛、交流、实践活动，1500 多个来自清华在校生和校友的创意创新创业不同阶段的项目加入清华 x-lab，注册企业的项目直接带动的就业超 8000 人，同时，经过清华 x-lab 的培育，所有注册公司的项目融资金额已经突破 30 亿元人民币。清华 x-lab 不仅成为北京市科委授牌的第一批“众创空间”，同时还被中关村管委会认定为“创新型孵化器”和“中关村（清华）梦想实验室”。

三、创新创业教育与经管专业教育融合的路径选择

（一）在经管专业课程教学中应着重培养学生创新创业意识、品质

经管专业课程具有较强的人文社科学科的色彩，具有交叉学科的特点；同时，学科内容更新快，与实际生活、人的行为紧密相连，实用性非常强。在经管专业课程教学与设计中，要梳理创新创业意识培养的必要性与设计途径，有意识地对创新创业中应具备的品质的培养模式进行分析，融入课程设计中，让学生通过课程的学习逐步达到一名创新创业者应具备的基本素质，如强烈欲望、敏锐视野、执着敬业、合作共赢、诚信实干等。

在这种教育思想的指引下，经管专业教师应当改变传统的教育理念，变“使学生如何更好地就业”为“引导学生更好地创新创业”，积极探索创新创业教育的新型教学方法和途径，激发学生的创业热情，培养学生的创业意识，将创新创业教育的思想渗透到日常课程教学工作中，即贯穿于教书育人、管理育人、服务

育人的全过程之中。例如清华大学在疫情期间，学生创新性地开发出“易净星”，解决了护目镜镜片动辄起雾，既妨碍视线又容易滋生细菌的问题。“易净星”是第一届清华大学“校长杯”创新挑战赛冠军，既让学生充分发挥了创新创业的亮点，也让学生勇于承担社会责任，结合所在领域充分发挥优势，紧急联系全国各地医院和发热门诊，免费捐赠眼镜抑菌防雾布，使一线医疗工作者免受“眼前之忧”，助力他们更高效地投入抗疫工作中。

（二）研究并实施将创新与创业教育纳入经管专业人才培养方案中

人才培养方案是本科教育的指挥棒，是确保本科教育质量的根基。创新创业教育的内容是否有足够的保证，人才培养方案是关键。在创新创业的新时代，人才培养的质量不仅仅反映在理论知识的获取，更在于如何将其运用到工作实践中，运用到发挥同学们的聪明才智中去；要将创新创业教育纳入规划与设计，进行充分调研与分析，做到及时更新并实施。经管专业要在编制人才培养方案的过程中，有意识地将创新创业教育与经管专业教育融合所需的知识、能力与素质有机纳入人才培养方案中。

清华大学将创新创业教育在人才培养方案中进行了充分结合与镶嵌，值得借鉴。例如，针对本科生，学生在学习专业方向的课程之外，选修一些感兴趣的创新创业课程，可以给自己的知识结构做些有益的拓展。如通过“技术创新管理”课程，可以掌握技术创新管理的基础知识，掌握研发管理的过程和战略，了解技术创新的能力和组织，应用技术创新管理的理论分析技术创新政策等；通过“创业管理”课程，可以帮助学生初步掌握创业管理的基本原理和技能，提高创业分析能力。针对研究生，清华大学经济管理学院和美术学院教师联合开发了研究生创新力提升辅修证书课程，包括“设计思维”“创新方法”“从创造力到商业化”等。

对于经济管理这样兼具理论与较强的实践性的专业，采取第一课堂与第二课堂相结合的教育模式。在第一课堂，通过“税法”“市场营销”“ERP 沙盘实验”“财务管理学”等课程实时融入创新创业知识，可尝试专门开设“创业财务学”“创业心理学”“创业机会识别与商业计划”“如何创办一个新企业”“如何创业创新领导力”等课程，以学生团队为中心，从项目选择、市场调查到创业计划书撰写实施全过程高仿真模拟，一方面可使学生综合应用创业所需的知识和技能，另一方面培养了他们团结协作和执着敬业等创新创业精神。在培养方案中，还应适当要求每一位学生额外完成相应的创新创业学分等。通过“项目式”“综合式”“体验式学习”的实践课程，让学生真正做到“干中学”与“学中干”的结合，体验真实的商业与市场氛围。

（三）研究并实施在经管专业课程教学中渗透培养学生创新创业能力

创新创业能力是有效推进创新创业活动的核心，经管专业的课程教学应当致力于培养富有社会企业家精神的创意、创新、创业人才为导向，充分调动经管类学生从事社会创新创业的兴趣。因此，在专业教学中渗透创新创业教育，是培养大学生创业意识和创业能力的有效途径。

一是在各门专业课课堂教学中渗透创新创业教育。每一门专业课都要渗透创新创业教育的内容，但侧重点有所不同。在“税法”“财务管理”“管理会计”等课程的课堂教学中重点渗透创新创业知识的传授和创新创业意识的培养，在“财务分析”“创业财务学”“个人理财实务”“纳税申报实务”等课程的课堂教学中重点渗透创新创业能力的培养。

二是在专业实训课中渗透创新创业教育。比如，在“ERP 沙盘实验”课程中，由受训者组成若干相互竞争的模拟企业，模拟企业 5～6 年的经营，通过“学生参与—沙盘载体—模拟经营—对抗演练—讲师评析—学生感悟”等一系列的实验环节，使受训者在分析市场、制定战略、营销策划、组织生产、财务管理等一系列活动中，参悟科学的管理规律，培养团队精神，全面提升管理能力。

三是开设创新创业专业课程。如“创业财务学”课程以创业项目为基础，要求学生分组完成项目选择、问卷设计、调查及报告、商业计划书的撰写与修改等工作，从而培养学生的创新创业意识与财务管理能力相结合的综合能力。

（四）积极组织开展创业实践活动，培养学生实际创业能力

一是积极开展并组织学生参加各级各类创新创业大赛。根据经管专业学生的特点，主要比赛项目有“创青春”全国大学生创业大赛、互联网+全国创新创业大赛、中国创新创业大赛、全国大学生电子商务“三创”赛、四川省大学生 ERP 沙盘模拟经营大赛、“网中网杯”大学生财务决策大赛等。

二是成立学生创新创业实验基地。经管专业一般开设有工商管理、会计学、财务管理、市场营销等专业，为了使学生能够“做中学，学中做”，可以组建大学生实验超市，在校园内全过程模拟市场化运作，按照市场主体在市场机制下运作的基本原则和方式，完全由学生自主募股组建、管理和经营。指导教师全程参与，可以结合各自专业特点编写《大学生实验超市实训指导书》，将创新创业教育与专业教育融合在一起。比如，财会专业学生懂经营、精核算，可以参与超市经营，而市场营销专业学生可以积累营销经验，掌握必要的创业过程，积累创业经验。再如，清华大学通过创意创新创业教育平台，为学生搭建了互联网和信息技术、医疗健康、环保能源、先进制造、消费服务、文化创意和教育七大创意创新团队。

三是建立创新创业基金或捐赠平台。为了鼓励广大学生积极

参与创新创业实践活动，学校可以通过成立“双创基金”，每年拿出一定资金来支持具有较强科研能力、成绩显著的创新项目与团队，以及具有较强市场开拓能力和经营水平、前景好的创业项目与团队。比如，清华大学通过 x-lab 平台，召集捐赠机构（个人）通过多种方式支持和参与创新创业人才培养，从战略层面到专项活动，从赛事到国际合作，提供的资金主要用于在清华大学开办更多的创新创业课程、培训和训练营，举办更多的赛事、论坛和交流活动，开展更多的创新人才培养计划、创新项目培育辅导，设置奖学金，延聘跨界教师和创业导师，支持平台的运营等。针对捐赠意向，机构（个人）可与清华大学教育基金会和清华 x-lab 签署三方捐赠协议。捐赠资金将统一汇入清华大学教育基金会名下的“清华 x-lab 发展基金”专门科目，并接受教育基金会的监督和管理。

（五）注重学生创新创业意识培养与创新创业能力培养相结合

经过几年的教学实践，我们发现，将创新创业教育融合专业教育确实取得了不少成绩，也增强了学生的综合实践能力，但仍然需要特别关注学生创新创业意识培养与创新创业能力培养相结合。

一是全体学生都需要具备创新创业意识。对于学生，无论未来的职业规划是什么，笔者认为都需要具备创新创业意识，以适应不断发展的社会需求，因此面向全体学生开设了创新创业的通识课程，培养学生的创新创业意识。同时，针对部分有强烈创新创业愿望的学生，开展深入的创新创业能力培养，配备专门的教师团队帮助他们解决在创新创业过程中出现的问题。

二是注意尽可能减少学生的“搭便车”行为。由于整个创业教学活动通常是分组进行的，所以存在部分学生会为了学分而参与，但却不愿意真正付出。经过多年的实践，笔者采取了两种组合举措，最大限度地减少了“搭便车”行为。例如，不定时、随机地请学生讲解模拟创业项目的完成情况及过程，或者在课程（项目）结束时组内成员匿名评价等。

四、结语

创新创业教育是我国高等院校教育改革的必然选择。专业教育与创新创业教育有机融合能够使学生的专业知识、专业能力形成与创新创业能力保持一致。适当的创新创业教育能够帮助学生增强创新意识，促进创新创业能力的形成。经管专业一线教师应当一如既往地坚持以创新创业能力培养为导向，开展各项教学改革与实践。

参考文献：

[1] 刘胜辉. 本科院校会计专业创新创业教育问题探讨 [J]. 中国管理信息化，2014，17 (5)：132-133.

[2] 赵红梅，廖果平. 以构建核心竞争力为导向的会计本科创新创业教育 [J]. 会计之友，2010 (10)：115-117.

[3] 林念修. 全国双创示范基地创新创业百佳案例 [M]. 北京：社会科学文献出版社，2019：7.

[4] 胡瑞，王丽. 剑桥大学与斯坦福大学创业教育组织建设策略探析 [J]. 外国教育研究，2018，45 (12)：77-88.

[5] 张晓娟. 高校创新创业教育存在的问题与路径选择 [J]. 中国高校科技，2018 (4)：95-96.

[6] 李亚员. 创新创业教育：内涵阐释与研究展望 [J]. 思想理论教育，2016 (4)：83-87.

[7] 严建华，魏江. 构建“基于创新的创业”教育 [J]. 中国高等教育，2016 (12)：53-56.

[8] 李伟铭，黎春燕，杜晓华. 我国高校创业教育十年：演进、问题与体系建设 [J]. 教育研究，2013 (6)：42-51.

职前教师课堂场景视知觉特征的眼动研究

——以缺乏教学经验的师范生为例

沈　莉　蒋华丽

四川师范大学计算机科学学院

摘　要：职前教师课堂场景视知觉特征对师范生的课堂组织技能培养具有重要作用。本研究选取了 22 名来自同一专业具有相同教学经历的师范生和 30 名来自不同学科的专家教师作为研究对象，以“发言”“举手”“练习”“听课”四种学习活动的课堂教学照片为刺激材料。通过研究对象的再认成绩和眼动数据的分析，研究发现：①教学经验对课堂教学情景中信息获取水平有显著影响，专家教师与师范生的再认成绩有显著差异，前者明显高于后者；②专家教师与师范生眼动指标的显著差异主要集中在听课场景中问题行为的注视上，专家教师较师范生会先注视学习行为，再转入问题行为，而对问题行为采用多次扫描的方式；③专家教师对问题行为与学习行为的注视点持续时间总和有显著性差异，且前者高于后者；④师范生对问题行为与学习行为的眼动指标无显著性差异。根据研究结果，本文提出了有益的建议，为师范生组织技能的培养提供了较好的理论依据。

关键词：微格教学；职前教师；眼动；问题行为；学习行为

基金项目：四川师范大学 2018 年度“质量工程”校级项目《教师资格国考背景下师范生技能培养策略研究》。

一、问题提出

视知觉信息的准确获取、正确加工和快速解码是高效认知加工的基础，教师对课堂场景的视知觉加工既影响课堂组织策略的选择，又影响教学方案的实施，对其进行深入挖掘，在教师的高质量培养中是非常有必要的。职前教师具备一定的教学理论和专业知识，但缺乏真实课堂教学经验的积累，如何有效干预其课堂场景视知觉，是知觉应用研究的一个新领域。

课堂场景中学生行为主要分为学习行为和问题行为两大类。在现代汉语词典中，学习行为的解释是在一定的环境中，通过阅读、听讲、研究、观察等手段获得知识或技能的行为。问题行为的解释是在课堂中，不遵守行为规范和道德准则，妨碍及干扰课堂活动正常进行或影响教学效果的行为。在强调“以学生为主体、以教师为主导”的信息化教学课堂中，有效教学的关键取决于学生在课堂上的参与程度，教师作为引导者，组织和调节课堂教学的技能显得非常重要。这种技能水平受教师能够有效获取课堂学生行为信息的影响，即受课堂教学场景的知觉水平影响。这种认知研究的一个重要范式是专家与新手的对比研究，能够反映出问题发现过程的认知差异[1]，有助于发现职前教师对课堂场景信息加工的特点。其他一些有关课堂场景中对学生行为知觉和注意的研究主要采用问卷调查、观察报告和定性分析等方法，不仅缺乏研究主体知觉特征的客观呈现，也缺乏不同主体间的差异对比。王福兴等利用眼动技术研究专家和新手教师的场景知觉差异给本研究很好的启发，该研究得到结论：第一，静态场景中，相对于新手，专家对静态课堂教学场景的注视次数更多，总注视时间更长[2]；第二，动态场景中，教学经验会影响教师对课堂教学场景中学生行为信息的知觉，新手对突显的典型学习行为关注要多于问题行为，而专家和经验教师则在典型行为和问题行为上平均分配注意资源[3]。

综上所述，师范生的教学技能培养需要借助客观的评价方式和先进的技术支持，眼动技术已经成功地应用在心理学等相关领域，利用眼动数据研究人在观看图片、文字、视频、场景等过程中的心理活动和心理现象，反映认知加工过程已经较为普遍[4]。虽然研究者已经意识到采用眼动技术可以客观反映新手教师和专家教师的知觉差异，但存在几点问题：第一，研究并未针对不同教学场景，例如师生互动多和互动少的教学场景在被试知觉特征上有无差异；第二，教育领域的研究并未注意不同生态效度的刺激材料的选择，图片刺激呈现缺少前期的刺激情景，其他领域研究表明实验情境越接近实际任务，专家比新手完成得越好，越能突出经验因素作用[5]；第三，举手是一个肢体变化较大的行为，与开小差玩东西的肢体动作变化较小的问题行为进行对比不客观，已有研究表明运动的信息相对于静止的信息更能引起注视[6]，推测王福兴等研究中产生的差异显著性可能是因为肢体变化幅度造成的，故研究结论用于师范生的教学组织技能培养，适用性和实用性不高；第四，针对教师技能的眼动研究较少，对眼动测试材料的介绍不足，研究结果是否具有一般性受到质疑。因此，让师范生或微格教学指导教师通过本研究认识师范生和专家教师对不同课堂教学场景的知觉差异，调整课堂组织中关注的要点，提升课堂组织和调控能力是非常必要的。

本研究利用眼动技术能够客观评价知觉特征的特点，采用教学活动交互性有差异的静态教学场景照片作为刺激材料，把课堂中不同学生行为获得的眼动数据进行分析，旨在对比专家教师与师范生在典型教学场景和不同学生行为中眼动数据的差异。根据以上分析提出研究假设：①针对再认成绩，专家教师和师范生有显著性差异，且专家教师高于师范生；②四个典型教学场景中，专家教师和师范生的六个眼动指标均存在显著差异；③专家教师对课堂学生的问题行为和学习行为的六个眼动指标均不存在显著差异，专家教师采用平均分配注意力的知觉方式；④师范生对课堂学生的问题行为和学习行为的六个眼动指标均存在显著差异，体现师范生更关注学习行为。

二、研究设计

（一）被试

初选专家教师组由赴川培训的山西省太原市中小学学科骨干教师 31 人和成都市小学学科骨干教师 11 人，共计 42 人组成。其中 31 位教师因参与太原市基于“人人通”课题学校管理人员和骨干教师培训班，赴川进行为期 7 天的信息化教学能力提升培训，被选为初选专家教师被试；成都市 A 小学教师 11 人由各学科组长推荐本学科教学能力突出的 11 位教师组成。专家教师被试在筛选时还考虑教学经验至少在五年以上，并且进行过骨干教师培训。

初选师范学生组由四川省成都市大学三年级师范生 32 人组成，有较为完善的教学理论知识。根据萨尔金德的观点，被试样本量的选取有许多公式可以计算，对于眼动实验，30 名被试基本可以满足被试的样本量要求[7]。所有被试要求视力正常，配镜视力 1.0 以上。不是色盲、色弱，颜色区分力好。师范生被试在筛选时要求已经进行一学期微格教学的基本教学技能训练，但未进行过独立的一对多教学实践，即缺乏教学经验。

（二）仪器

研究采用 Tobii T120 Eye Tracker 眼动仪，其采样频率为 120Hz，以及装有 64 位 Windows 7 操作系统的多媒体计算机。

（三）实验设计

实验为 2（经验：专家教师、师范生）×2（课堂学生行为：

学习行为、问题行为）的混合设计，分为四个主要教学场景。经验水平为被试间因素，课堂学生行为属于被试内因素。因变量的测量包括被试的再认成绩和眼动数据。选取的眼动指标有六个，即首次进入时间、首个注视点的注视时间、注视点的持续时间、注视点持续时间总和、注视点个数统计和访问次数统计。眼动刺激采用真实场景照片，场景包含听课、举手、练习和发言四类，选取的刺激材料中，与场景教学期望一致动作的学生为学习行为兴趣区，如听课场景选取若干学生抬头听课的区域为不同的学习行为兴趣区。相对应地，选取的刺激材料中，与场景教学期望不一致动作的学生为问题行为兴趣区，如听课场景选取若干学生低头看书或玩笔的区域为不同的问题行为兴趣区。

（四）实验材料

根据课堂教学的情况，实验所采用的场景材料分为两类：课堂教学照片和非课堂教学照片。课堂教学照片采自真实的课堂教学，其中包含学生人数大约 20 人，拍摄的角度为教室前方讲台左侧或右侧，视角向下约 15°，照片随机呈现，每幅课堂教学照片第一次呈现时间为 6 秒，再认时间为 3 秒，共 4 张。非课堂教学照片选择的是对应场景学生下课后的空旷教室，拍摄的角度与课堂教学类似，只是没有学生，场景中物体的数量及摆放位置尽量与教学场景中相同，用于消除环境对被试的影响，每幅照片呈现时间为 3 秒，共 4 张。再认环节中，有课堂学生行为但不用于眼动数据搜集的干扰照片，采用随机顺序展示，每幅照片呈现 3 秒，共 3 张。故本次眼动实验的刺激材料共 11 张，照片的像素大小均为 1024×681。

（五）实验流程

整个实验在独立办公室进行。该办公室具有隔音、隔光等功能，能够保证实验在比较安静、舒适的环境中进行，确保实验结果的可信度。实验中有两名主试：一名操作眼动仪，记录被试回答问题的答案；一名在现场入口处帮助被试完成网络问卷，有序安排被试入场。

三、数据分析

本实验通过问卷星收集被试个体属性数据，通过现场问答记录再认成绩数据，通过眼动仪记录被试眼动特征数据，统一采用Excel格式导出并处理，使用SPSS软件进行数据分析。

（一）专家教师个体属性数据

此次测试，参与教师42位，其中有2位教龄在1年以下，7位在5年以下，3位仅参加过校本培训，违反专家教师的界定，故删除，剩余有效专家教师30位，涉及不同学科，其中女生25人，男生5人。

（二）师范生个体属性数据

此次师范生被试共32位，在同一个班共60位教育技术学专业大三师范生中随机抽取，样本有相似受教育经历。其中有10位师范生有一对多实践教学经历，有一定课堂组织管理经验，违反本实验需要师范生属性的界定，故删除，保留有效师范生22位，涉及不同就业意向，其中女生20人，男生2人。本实验不探讨性别影响因素，刺激材料未涉及有效线索和无效线索提示，也没有文字区域和图形区域的对比眼动研究[8]，故性别对实验的影响是今后研究的内容。

（三）再认成绩数据

专家教师和师范生的再认成绩不符合正态分布，采用非参数检验曼—惠特尼U检验（Mann－Whitney U）[4]，得到表1，其中1为专家教师组，0为师范生组。

表 1　专家教师和师范生曼—惠特尼 U 检验

	分组	*N*	平均等级	等级总和
再认成绩	0	22	20.32	447.00
	1	30	31.03	931.00
	总计	52		
Mann－Whitney U 统计资料	194.000			
渐近显著性（双尾）	0.007			

由数据可以看出，因渐近显著性（双尾）为 0.007＜0.01，故专家教师与师范生再认成绩有显著性差异，专家教师再认成绩高于师范生再认成绩。

（四）眼动特征数据

第一，比较课堂教学场景“发言”“举手”“练习”“听课”四种学习活动，专家教师和师范生眼动数据有无显著性差异。通过热点图确定注视点较为集中的对象后，沿对象身体边缘绘制兴趣区。分别对专家教师和师范生在四张刺激材料上进行眼动数据收集，并把数据处理后导入 SPSS 软件进行统计分析。

四个场景中，对不同兴趣区中的相同眼动指标按照学习行为和问题行为分类后分别相加取均值，进行 K－S 检验，其中 LE 代表学习行为，PR 代表问题行为，每种行为包含六个眼动指标数据，呈正态分布的指标采用独立样本 T 检验，非正态分布的指标采用非参数检验的曼—惠特尼 U 检验。经过分析，只有“举手”和“听课”的部分眼动指标，专家教师和师范生有显著性差异，如表 2 所示。

表 2　专家教师和师范生四种课堂场景有显著性差异数据

		Levene 的变异数相等测试		针对平均值是否相等的 T 测试						
		F	显著性	T	df	显著性（双尾）	平均差异	标准误差	95%差异数的信赖区间 下限	95%差异数的信赖区间 上限
举手场景 PR 注视点个数	采用相等变异数	3.886	0.054	−3.48	50	0.001	−1.58	0.4539	−2.49	−0.6693
	不采用相等变异数			−3.24	32.13	0.003	−1.58	0.4883	−2.58	−0.5866
听课场景 PR 首次进入时间	采用相等变异数	1.578	0.215	2.255	50	0.029	0.7144	0.3168	0.0781	1.3507
	不采用相等变异数			2.332	49.5	0.024	0.7144	0.3064	0.0988	1.3300
听课场景 PR 首个注视点的注视时间	采用相等变异数	7.200	0.010	2.456	50	0.018	0.045	0.0183	0.0082	0.08188
	不采用相等变异数			2.646	48.29	0.011	0.045	0.017	0.0108	0.07926
听课场景 PR 注视点的持续时间	采用相等变异数	6.525	0.014	2.807	50	0.007	0.0438	0.0156	0.0125	0.07522
	不采用相等变异数			3.014	48.66	0.004	0.0438	0.0145	0.0146	0.07308

续表2

		Levene的变异数相等测试		针对平均值是否相等的T测试						
		F	显著性	T	df	显著性（双尾）	平均差异	标准误差	95%差异数的信赖区间 下限	95%差异数的信赖区间 上限
听课场景PR注视点个数统计	采用相等变异数	0.052	0.820	4.509	50	0.000	1.181	0.262	0.655	1.7076
	不采用相等变异数			4.530	46.18	0.000	1.181	0.2608	0.6565	1.7061
听课场景PR访问次数	采用相等变异数	0.840	0.364	3.127	50	0.003	0.5323	0.1703	0.1904	0.87429
	不采用相等变异数			3.061	41.64	0.004	0.5323	0.1739	0.1813	0.88331
听课场景LE注视点的持续时间总和	采用相等变异数	0.320	0.574	−3.22	50	0.002	−0.222	0.069	−0.361	−0.0838
	不采用相等变异数			−3.16	41.66	0.003	−0.222	0.0705	−0.365	−0.0801

由表 2 可以看出，四个典型教学场景中，只有“举手”和“听课”两个场景专家教师和师范生的部分眼动指标存在显著性差异。其中在“举手”的问题行为兴趣区的注视点个数统计中，Levene 的变异数相等测试显著性为 0.054>0.05，显著性（双尾）为 0.001<0.01，而专家教师平均值为 2.6917，师范生平均值为 4.2727，故举手场景中，专家教师和师范生在问题行为的注视点个数上有显著性差异，且师范生明显多于专家教师。

在听课场景中，问题行为兴趣区的首次进入时间、首个注视点的注视时间、注视点的持续时间、注视点个数统计和访问次数五项眼动数据，专家教师和师范生均呈现显著性差异，且专家教师的数值明显高于师范生；学习行为兴趣区的注视点的持续时间总和，专家教师和师范生呈现显著性差异，且师范生的数值明显高于专家教师。

第二，比较所有兴趣区中专家教师对学习行为和问题行为的眼动有无显著性差异。专家教师在不同教学场景中均有若干学习行为兴趣区和问题行为兴趣区。以不同场景的不同兴趣区为观测样本，求出所有专家教师的眼动均值指标为该兴趣区眼动指标值，共 41 个兴趣区，每个兴趣区有首次进入时间、首个注视点的注视时间、注视点的持续时间、注视点的持续时间总和、访问次数和注视点个数统计六项眼动指标。

对每个兴趣区中的所有专家教师的眼动相同指标求均值，进行 K-S 检验，其中 1 代表学习行为，0 代表问题行为，每种行为包含六个眼动指标数据，呈正态分布的指标采用独立样本 T 检验，非正态分布的指标采用非参数检验的曼—惠特尼 U 检验。经过分析，只有注视点的持续时间总和有显著性差异，且专家教师对问题行为的时间要长于学习行为，如表 3 所示。

表 3　专家教师对问题行为和学习行为的眼动对比等级

	课堂行为	*N*	平均等级	等级总和	Mann—Whitney U统计资料	Wilcoxon W	渐近显著性（双尾）
注视点的持续时间总和	0	18	26.75	481.50	103.500	379.500	0.007
	1	23	16.50	379.50			
	总计	41					
访问次数	0	18	21.31	383.50	201.500	477.500	0.885
	1	23	20.76	477.50			
	总计	41					
注视点个数统计	0	18	20.75	373.50	202.500	373.500	0.906
	1	23	21.20	487.50			
	总计	41					

由表 3 可以看出，在专家教师对问题行为和学习行为的眼动对比中，仅有注视点的持续时间总和的渐近显著性（双尾）为 0.007<0.05，表示有显著性差异，且问题行为要明显高于学习行为。

第三，比较所有兴趣区中师范生对学习行为和问题行为的眼动有无显著性差异。方法与专家教师的比较相同，通过 K—S 检验，每种行为包含六个眼动指标数据，呈正态分布的指标采用独立样本 T 检验，非正态分布的指标采用非参数检验的曼—惠特尼 U 检验。经过分析，所有兴趣区中师范生对学习行为和问题行为的眼动无显著性差异。

四、结果讨论

第一，专家教师与师范生再认成绩有显著性差异，专家教师再认成绩显著高于师范生再认成绩，可见在有限时间中，专家教师获取信息的水平高于师范生，师范生需要加强教学场景知觉能力训练。本实验中被试会激活相关的教学知识经验，根据任务的要求主动搜索目标物体而不管场景中其他的区域是否鲜艳和明亮。这种自上而下的加工强调已有知识经验的作用，包括对先前场景信息的短时记忆和情景记忆，存储在长时记忆中类似场景的有关视觉、空间和语义信息，以及被试的目的和计划等。本文的假设①得到证明。

第二，在听课场景中，问题行为兴趣区的首次进入时间、首个注视点的注视时间、注视点的持续时间、注视点个数统计和访问次数五项眼动数据，专家教师和师范生均呈现显著性差异，且专家教师的数值明显高于师范生。

问题行为首次进入时间数值越大，表示在刺激材料上越晚注视到首个问题行为。推测专家教师在听课场景中关注的首要行为仍是学习行为，而后才有意识观测到问题行为，表现为授课时专家教师一般会先关注学生，而这些学生表现出来的是学习行为。

问题行为首个注视点的注视时间数值越大，表示首个问题行为关注时间越长。注视点的持续时间数值越大，表示对问题行为平均注视时间越长。这两个指标均是注视时间，有研究表明，认知加工难度较大时，也即认知负荷较大时，注视时间会相应延长[6]。推测专家教师需要调取经验知识进行问题行为判断，经验越丰富，对比越多，加工时间越长。

注视点个数数值越大，表示在问题行为观察中，注视点的转移速度更快。课堂教学场景问题行为感知满足探索式搜索任务，已有研究表明高分组研究注视点频率比低分组高，信息搜索能力影响眼睛注视点的转移速度，高分被试倾向于更快做出判断[9]。注视点个数也反映被试对该区域的熟悉度与兴趣度较高[6]。故注视点个数越多，表明专家教师在问题行为定性判断时会越快速转移注视点，搜集更多信息，与已有认知经验中的特征对比，便于尽快做出判断。

访问次数数值越大，表示回视次数越多，回视次数和发现问题数量与质量之间是正相关，参考其在高能力组学生上的优势，表示专家教师对信息之间的联系和整合性加工在问题发现中具有积极意义[1]。回视次数也反映出被试对图像刺激不同区域的关注程度存在差异，关注度高，则可能存在明显的回视加工[6]。

第三，在听课场景中，学习行为兴趣区的注视点的持续时间总和，专家教师和师范生呈现显著性差异，且师范生的数值明显高于专家教师。有研究表明在面对加工难度大或者不熟悉的材料时，注视持续时间总和会更长。可见在听课场景中，师范生的主要关注点在不同学生的学习行为上，一是推测因为不熟悉不能做出快速判断，二是推测忽视了对问题行为分配适当的注意力。

第四，在举手场景中，问题行为兴趣区的注视点个数统计，专家教师和师范生有显著性差异，且师范生明显多于专家教师。可见在师范生需要挑选学生进行互动的教学的场景中，师范生可以发现问题行为并表现出一定的兴趣度，也推测可能希望搜集更多信息，与已有认知经验中的特征对比，便于尽快做出判断，这和已有研究的结果相符[10]。综合第三点和第四点，本文的假设②不能得到验证。

第五，不同角色对比问题行为和学习行为的眼动特征时，师范生对问题行为和学习行为的关注没有显著性差异，专家教师对问题行为和学习行为的关注，仅有注视点的持续时间总和有显著性差异，且对问题行为的时间总和要明显高于学习行为的时间总和。这也印证了上文所述在面对加工难度大或者不熟悉的材料时，注视持续时间总和会更长。而对于师范生，问题行为和学习行为的感知经验均较为缺乏，故没有显著性差异。本文的假设③和假设④不能得到验证。

第六，通过本研究得到的结论，并未发现已有研究中提到的某些结论，例如，相对于专家和经验教师，新手对学生的学习行为注视次数更多；教师对学生课堂学习行为的注视次数和注视次数比率多于问题行为；新手教师对学生课堂学习行为的注视次数和注视次数比率多于问题行为。可见，本文前面质疑学习行为和问题行为的选材影响结论是非常明显的。

第七，注视轨迹反映了被试在注视图片时所采用的信息搜索方式或注视模式。有研究表明在搜索阶段，搜索路径短以及分心项数量少表明注意能够被快速引导至目标刺激所在的位置，说明直视比斜视吸引了更多的注意[4]。但在实验中发现，学生直视教师获取的注意力，专家教师和师范生有明显差异，如图1中的圆圈所示，该学生对象是直视教师的，应该获得更多注意，专家教师眼动符合已有研究结论，如图1上方所示，但图1下方的师范生眼动并不符合。推测师范生更容易受环境因素影响，注意点更分散，造成眼动差异显著。已有研究表明，大学生浏览网页的视觉轨迹为从左上角经中心区域到右下角，这个结论对本研究的影响是下一步研究的内容。

图 1　专家教师与师范生眼动热点对比

五、策略建议

师范生在课堂教学组织技能的微格教学训练中，可以参考本研究得出的结论，对真实课堂信息搜索时，需要注意以下几点：第一，对于师生交互较少的教学场景，例如教师讲授学生听课的场景，要练习快速扫描的方式粗略获取课堂中的所有行为，一般先关注学习行为对象，再关注问题行为对象，对问题行为特征要事先了解，便于快速界定学生的课堂行为，进行有效的干预；第二，加强在“听课”等师生交互较少教学场景中的问题行为关注，在这个课堂场景中，教师不仅仅讲授知识，还需要注意学生的行为反馈，师范生要练习仔细搜索的关注方式，根据问题行为适当调整授课节奏和内容，提高授课效率；第三，在“举手”等互动较多的教学场景中，师范生需要练习快速把握问题行为，不能和学习行为平均分配注意力，要适当增强，便于交互中调节学习者的不当行为；第四，对于直视教师的学生，师范生要练习主动快速给予关注，能有效帮助学生解决当前存在的问题。利用本研究的眼动数据，客观对比教育技术学专业大三单个师范生与实验被试的眼动差异，也可为单个师范生客观评价自身眼动特征提供判定依据，这是下一步研究的方向。

参考文献：

[1] 陈丽君，郑雪. 大学生问题发现过程的眼动研究 [J]. 心理学报，2014，46 (3)：367－384.

[2] 王福兴，申继亮，田宏杰，等. 专家与新手教师对静态课堂教学场景的知觉差异 [J]. 心理发展与教育，2010 (6)：612－617.

[3] 王福兴，芦咏莉，段朝辉，等. 不同经验教师对学生课堂行为加工的眼动研究 [J]. 心理发展与教育，2013 (4)：391－399.

[4] 翟雪松，董艳，胡秋萍，等. 基于眼动的刺激回忆法对认知分层的影响研究 [J]. 电化教育研究，2017，38 (12)：51－57，72.

[5] CORTINA K S，MILLER K F，MCKENZIE R，et al. Where Low and High Inference Data Converge：Validation of CLASS Assessment of Mathematics Instruction Using Mobile Eye Tracking with Expert and Novice Teachers [J]. International Journal of Science and Mathematics Education，2015，13 (2)：389－403.

[6] 任延涛，孟凡骞. 眼动指标的认知含义与测谎价值 [J]. 心理技术与应用，2015 (7)：26－29.

[7] 冯小燕，王志军，吴向文. 我国教育技术领域眼动研究的现状与趋势分析 [J]. 中国远程教育，2016 (10)：22－29.

[8] 刘世清，刘冰玉，李娜. 中学生多媒体浏览行为选择偏好及其教学价值——基于多媒体界面结构的眼动实验研究 [J]. 电化教育研究，2018 (7)：112－115.

[9] 王宇，张云秋. 探索式搜索行为的眼动研究 [J]. 图书情报工作，2014，58 (11)：29－35.

[10] STEFFENSKY M，GOLD B，HOLDYNSKI M，et al. Professional Vision of Classroom Management and Learning Support in Science Classrooms—Does Professional Vision Differ Across General and Content-Specific Classroom Interactions? [J]. International Journal of Science and Mathematics Education，2015 (13)：351-368.

高校美术教学现状与对策研究

宁　婷

四川师范大学影视与传媒学院

摘　要：在“以学生发展为中心”的教学理念牵引下，本文主要针对目前高校美术教学所存在的问题，如教学内容重复、教学方法固定、教学评价单一等，探寻问题存在的根源，并提出解决问题的思路。秉持促进学生全面知识的获得为根本目的，关注学生学习的过程以及解决实际问题的能力，从而构建起有利于学生个性发展和美术本体回归的有效课堂教学。

关键词：高校；美术教学；现状；对策

2018年8月，教育部专门印发了《关于狠抓新时代全国高等学校本科教育工作会议精神落实的通知》（教高函〔2018〕8号），提出“各高校要全面梳理各门课程的教学内容，淘汰‘水课’、打造‘金课’，合理提升学业挑战度、增加课程难度、拓展课程深度，切实提高课程教学质量”。那么，何为“水课”？何为“金课”？教育部高等教育司司长吴岩在第11届中国大学教学论坛中谈道：“所谓‘水课’，就是低阶性、陈旧性的课，是教师不用心上的课。关于‘金课’，可以归结为‘两性一度’：高阶性、创新性和挑战度。”依据此标准，当下高校美术教学存在哪些问题？为什么会出现这些问题？我们该如何解决这些问题，才能打造出使学生受益颇多的美术课程呢？

一、高校美术教学现状分析

（一）教学内容：简单重复

目前，高校的美术课程教学内容几乎是保持着一成不变的风格，就“素描”课程而言，其理论内容主要围绕构图、点线面、黑白灰等基本要素、明暗关系、空间关系、透视规律等，实践内容主要有素描石膏像、静物、人物头像、人物半身像、人物全身像等。再如“色彩”课程，其理论内容主要围绕色彩相关概念、产生的科学原理、心理属性、表现形式、表现方法与步骤等，实践内容主要有色彩静物、风景、人物等。然而这些基础知识有些为美术高考时教师已经教授过的内容，对于传统教学内容的简单重复，一方面必定会导致课程内容缺乏新意，使得课程内容与当代中国美术的发展趋势脱节；另一方面必定会导致学生学习积极性的下降，对学习的内容没有新鲜感。

究其原因，由于受到美术教材的束缚，认为只要将教材上的内容讲透便可以顺利达成教学目标，却没有意识到教学内容应常讲常新，高校美术教育应站位更高，从更深层次引导学生重新认识美术作品，并能够产生独到的思考和认识。

（二）教学方法：模式固定、缺乏互动

长期以来形成的“教师讲、学生听”的教学模式仍根深蒂固，教师讲什么，学生学什么，对于教师的依赖性较强，而主动探究学习的意识薄弱。与此同时，在当前美术课程改革中，“以学生发展为中心”的理念指导下，有些教师的教学方法又转变为“学生讲、教师听”的模式，那么，将课堂完全还给学生就能让学生学会学习了吗？培养学生自主学习的能力难道就应和学生的自学画等号吗？课堂教学中的“讲授”环节需要取缔吗？教师在课堂教学中究竟应扮演什么样的角色呢？教师如何去讲才能开启

学生的思维门扉呢？对于这一系列的问题，我们应该重新审视课堂教学的最终目的，无论采用什么样的教学方法，学生能够听得懂、会思考、用得活才是教学的最终目标。

另外，高校美术教学中教师引导学生的方法比较主观，以简单的是与不是、对与不对、好与不好等方式来代替学生解读美术作品，其结果会导致学生更多地记住教师所分析的要点，而没能形成主动思考的能力，得出自己新的见解。因此，在美术实践中，经常会有同学发问："这样的内容我从来没有画过。"可见，这样的教学方法无法使得学生触类旁通、举一反三，他们对于新旧知识无法自主建立起相互沟通的桥梁，最终导致知识的获取与能力的转化之间脱节，从某种程度上也抑制了学生的个性和创造能力的发挥。

（三）教学评价：标准单一

对于美术课程的评价标准，几乎都是侧重于绘画技法能力的把握，结果使学生出现背画的现象，在这样的考核方式指引下，表面上看画面整体效果还不错，但实际学生并不清楚为什么要这样处理，会出现大量高分低能的学生。难道一幅作品的成功与否，技法表现是唯一的衡量标准吗？答案是否定的。"评价是促进学生全面发展、提高教师教学水平、促进课堂教学持续发展的重要环节"，那么，在制订评价标准时，是否应增加对学生课堂参与度的考核，对学生主动思考和探究能力的考核，对学生勇于创新和团队协作素质的考核呢？

二、高校美术教学对策研究

（一）教学内容：体现前沿性和时代性

1\. 引入美学知识，培养学生对于美的辨识力

美术教学，应以美为本，著名画家吴冠中先生曾说："今天

中国的文盲不多了，但美盲很多。”由此可以看出，对于美感的教育至关重要，要想表现出美的作品，首先应该能够识别什么是美。著名雕塑家罗丹说道：“艺术家所见到的自然，不同于普通人见到的自然，因为艺术家的感受，能在事物的外表之下体会内在的真实。艺术上的唯一原则，是把看见的东西抄录下来。问题在于见与不见。”[1]其实，现实生活中有些物体在一般人眼中可能是不起眼的景致，但是画者却能赋予它们一定的形式和内涵，并发掘出它们蕴含的美，这就是画者与常人所见的不同的自然。

我们以现代画家张可扬的《青岛红房子》（如图 1 所示）为例，实景照片（如图 2 所示）平淡而无光感，也看不出开阔的空间，而写生的作品整个画面笼罩在灿烂的阳光下，天空展现出无限的空间，房屋加大疏密、高低、大小的变化，色彩的对比度明显加强，沙滩由实景的一条直线改变为之字形的造型，优美而生动。由此可以看出，绘画中的美并不是客观物象的照搬照抄，是对客观物象提炼概括的结果。吴冠中先生曾深有体会地说：“如果让我画客观景物，可以画得非常像，还不太吃力，但像不等于美。”[2]

图 1　张可扬《青岛红房子》

图 2　《青岛红房子》照片

因此，在高校美术教学中，应从美学的角度引导学生去感悟生活中的美，陶冶学生的审美情操，增强学生对于美的事物的感知力和判断力，从而将自己的感悟化作艺术语言，形成有独到思想内涵的艺术作品。

2. 植入中国传统文化元素，增强学生的民族认同感

中国传统文化可谓是博大精深，高校美术教学中教师要切实将美术学科的特质与弘扬民族精神融合起来，增添教学内容的时代感，从而加强学生的文化底蕴，夯实学生的综合素养，树立起对优秀传统文化保护和传承的使命感。

在分析郑板桥的《竹石图》（如图 3 所示）时，不能简单地分析画面的构成、虚实及空间关系，作者对于竹和石的描绘，可谓是书画一体。首先，作者“以草书之中竖长撇法运之”，一方面将竹的生长态势展现得淋漓尽致，“永”字八法在其间的运用使得竹叶的表现更具写意性；另一方面将线条的“骨力”在行笔走势间尽情挥洒，对于竹的描绘，用笔抑扬顿挫，以力来形成刚健挺立之美，使其具备笔断意连、劲健秀美之意。其次，在对于画面虚实及穿插关系的处理上，运用了书法的结体来体现竹叶的相互穿插，利用线条的长短、宽窄、粗细等不同的形态构成了错落有致、变化多端的画面，同时用墨的浓淡、行笔的缓急来形成画面竹、竹叶以及山石前后及虚实关系的布局。最后，对于“骨气”的把握更是使得画面具有气脉相通、一气呵成、紧劲连绵之感，他说：“文与可画竹，胸有成竹；郑板桥画竹，胸无成竹。浓淡疏密，短长肥瘦，随手写去，自尔成局，其神理具足也。藐兹后学，何敢妄拟前贤？然有成竹无成竹，其实只是一个道理。”（郑板桥题画诗）因此，作者用书写的线条呈现出“我化”的自然，“骨法用笔”思想在传统山水画中的渗入，使得画中的线条既能够准确表现竹子的内在结构，又能够用竹子正直、挺拔、坚贞不屈的品格来隐喻创作者的生活境遇和精神品质。

图 3 郑板桥《竹石图》

在讲述装饰性色彩的时候，可以将中国民间传统图案艺术引入其中，如彩陶、年画、脸谱、皮影、剪纸等，让学生在深刻体会装饰性色彩的艺术特征的同时，感悟民族文化的真谛。

总而言之，蕴含民族文化精神的美术教育，一方面可以大力提升学生的审美意识，另一方面可以使学生继承和弘扬中华民族优秀传统文化，以及在此基础上的文化传承与使命担当。

（二）教学方法：凸显科学性和互动性

1. 把握适度原则，满足专业发展的需要

西南大学吴能表教授曾说："适合的，才是最好的。适合你的学生、适合你的教学内容和适合这个行业的人才培养，那么这样的课就是好课。"由此段论述可以看出，具体选择什么的教学方法，取决于专业发展的需求。比如，对于"素描"课程而言，它是一门理论与实践相结合的课程，以实践教学为主，重点培养学生的实践能力。依据此课程的性质，我们可以选择理论教授和任务驱动法进行教学。

在设计讲授环节时，究竟是采用发现学习的方式，还是接受学习的方式，同样也取决于课程内容的需要。如果说该节课所涉及的难点内容较多，我们可以选择讲授法进行教学，让学生先能够掌握知识点，才有可能谈及发散思维。如果说该节课的知识点易于理解，我们便可以选择探究法，为学生创设情境，让大家带着问题到具体作品中去寻找答案。关于“有意义的学习”，美国认知心理学家奥苏贝尔（D. P. Ausubel）曾提出：“反对一味地强调发现法而否定讲授法。”他首先否定了人们心目中的两个等式：讲授学习=记忆学习；理解意义学习=发现学习。他认为，无论是接受学习还是发现学习，都有可能是机械的，也有可能是有意义的，核心是学生能否获得新信息，取决于他们认知结构中已有的有关观念。有意义学习是通过新信息与学生认知结构中已有的有关概念的相互作用才得以发生的。这种相互作用的结果导致了新旧知识的意义的同化，因此，奥苏贝尔认为建立了心理意义的学习才是有意义的学习。[3]

2. 质疑激思，培养学生探索精神和解决问题的能力

教学的关键在于能够引导学生质疑激思。教育部高等教育司司长吴岩在第11届中国大学教学论坛中谈道：“大学课堂教学的五重境界：silence（安静）、answer（回答）、dialogue（对话）、critical（质疑）、debate（争论）。”因此，在教学过程中，让学生学会发问尤为重要，给学生一个问题远远比直接给学生答案更有利于学生思维能力的培养。

在讲意象性色彩的表现方法时（如图4所示），就可以采取质疑激思的方法，画面色彩是客观色彩的再现吗？大家看天空的色彩，自然状态下有阳光的天空是画面所呈现的这种色彩吗？对于地面色彩的描绘，即便是黄土高原，它的黄色能够达到如此高纯度的金黄色吗？再看，真实的山川在光线照耀下，只有红、黄两种颜色吗？为什么白羽平主要以黄色、红色进行夸张而不用其

他颜色呢？可见，这里是以问题为导向的，一步步引导学生打开自己的思维，在形成结论的过程中，同时也培养了学生的探索精神和解决问题的能力。

图 4 白羽平油画作品

（三）教学评价：提倡多元化和个性化

施良方在《教学理论：课堂教学的原理、策略与研究》中说：“教学评价，是以教学目标为依据，运用可操作的科学手段，系统收集有关教学的信息资料，并通过量化对教学的过程和结果做出价值性判断，以促进学生的自我发展和教学的完善。”由此可以看出，我们可以通过制订科学的教学评价方式，来积极鼓励学生学习的积极性和创造性，打破单一的教师评价模式，采取学生自评、学生互评以及教师点评相结合的方式，依据学生的创作思路，做出相应的评价和积极的引导，让学生的个性差异得以彰显。同时，打破一锤定音的考核模式，注重教学的过程化评价(见表 1)，让学生能够积极参与到课堂教学中，通过过程检测让学生稳步前进，不断超越自我，提升自我效能感，进而实现学生的全面发展。

表1 “色彩”课程考核细则

评估内容（共100分）	考核形式与说明
出勤（10分）	考核形式：包括按时出勤，迟到、早退、旷课 说明：每迟到一次超过15分钟扣除2分，每迟到或旷课超过一个学时（45分钟）扣除5分；累计迟到3次（迟到15分钟以上）或旷课2次，该项记录为0分。有事需请假的同学需要课前向任课教师说明并附上辅导员签字的假条
课堂参与（10分）	考核形式：课堂上在认真倾听教师授课的同时，可以大胆提出自己的观点或问题，或是参与讨论其他同学的观点或问题；在分组讨论的时候也能积极发言，大胆提问 说明：评估中包含课堂上的表现，例如交头接耳、从不参与课堂讨论等情节将遭到相应程度扣分惩罚
课堂作业（20分）	考核形式：每个教学单元后的课后练习及读书笔记 说明：其中课后练习占15分，读书笔记占5分，所有作业必须在指定时间内上交
期末考试（60分）	考核形式：随堂考试，采用提交作品的方式进行 说明：考试内容为课堂上讲授和专题练习相关的内容

三、结语

综上所述，我们应重新审视高校美术教学，针对目前所呈现的问题，在教学内容上充分体现前沿性和时代性，教学方法上凸显科学性和互动性，教学评价上提倡多元化和个性化，积极转变教学观念、重视创新思维、高扬人文精神、拓展学术视野。正如德国教育家第斯多惠所说：“不称职的教师强迫学生接受真知，一个优秀教师则教学生主动寻求真知。”因此，应始终以学生发展为中心，不仅让学生学会知识，更重要的是培养运用知识解决实际问题的能力，充分把握美术学科的特质，激发学生潜在的创造力，以适应社会发展的需要。

参考文献：

[1] 奥古斯特·罗丹．罗丹艺术论［M］．傅雷，译．北京：人民美术出版社，1978：19.

[2] 吴冠中．美丑缘［M］．天津：百花文艺出版社，2007：12.

[3] 奥苏贝尔．教育心理学：认知观点［M］．余星南，宋钧，译．北京：人民教育出版社，1994：24.

疫情推动下高校在线教学的思考

王娟涓
四川师范大学教育科学学院

摘　要：在疫情的推动下我国高校在线教学获得了新的发展契机，实现了课堂教学与课外活动并举，推动了高等教育国际化，为世界提供中国方案。同时，大规模的在线教学实践不可避免地出现了诸如网络平台运作的硬件条件缺乏、教师缺乏在线教学应用能力、学生自我管理难以把控、教育公平受到质疑等问题。疫情后，在线教学将从“新鲜感”走向“新常态”。因此，应构建“以学生为中心”的教与学，厘清在线教学中的“变”与“不变”，在教学中凸显问题意识，实现师生互动的新常态。

关键词：疫情；高校；在线教学；以学生为中心

随着互联网时代的到来，高校管理发生重大的变化，高校的财务管理、学生管理、招生就业等基本实现了管理的计算机化和数字化。相比而言，信息技术在高等教育教学领域的发展则相对缓慢。从教育技术在高等教育演进的基本轨迹来看，我国高等教育引入基于计算机等现代教育技术的时间大约在三十年前，运用PPT方式组织教学大约有二十年的时间，运用网上教学大约有十五年的时间，而运用智慧教室进行翻转课堂的教学也是最近五年的事情。可以说，我国高等学校全日制学生的网络教学还处于初步探索阶段、缓慢推行中，而这次突如其来的新冠肺炎疫情对高校正常教学秩序产生了强烈的冲击。

为了应对新冠肺炎疫情，教育部发布了《关于疫情防控期间做好普通高等学校在线教学组织与管理工作的指导意见》。在“停课不停教、停课不停学”的号召下，各大高校以最快的速度开启了在线教学行动。截至2020年5月8日，全国1454所高校开展了在线教学，103万教师在线开出了107万门课程，合计1226万门次课程，其中包括理论课，也包括实验课；参加在线学习的大学生共计1775万人，合计23亿人次[1]。可以说是全区域、全覆盖、全方位地实现了在线教学实践。

一、在线教学取得的新进展

在线教学虽然面临仓促上线、“赶鸭子上架”、良莠不齐等问题，但各高校积极搭建的“虚拟大学”，在线开展的各种课内、课外教育教学活动，在某种程度上大力推动了互联网+教育的发展。高校教师的教学信息化素养空前提高，学生学习的自主性和师生的互动性的满意度也较高，甚至超过了面对面的传统课堂教学。有超过80％的教师对在线教学抱有信心，并愿意在疫情后继续开展在线教学或混合式教学[2]。总体来看，疫情期间的在线教学凸显了以下几方面特点。

（一）在线教育全面步入2.0时代，3.0时代初见端倪

运用互联网进行的教育实践，可以分为三个不同的发展阶段。

第一阶段是在线教育1.0时代，即“录播课”时代，把事先录好的教学内容上传至网络，作为学生学习的参考资源。在线教育1.0存在的最大问题是仅局限对教学内容本身的关注，缺乏师生之间有效的互动。

第二阶段是在线教育2.0时代，其最大的特点就是实施在线

教学。随着直播技术的发展，教师可以通过网络课堂实时向学生授课，并辅之以聊天区、共享屏幕、在线答题投票等线上授课功能。在该阶段，除了要关注教学内容，更要关注教学形式的优化、学生学习的效果以及学生是否能更好地吸收与掌握教学内容。在疫情推动下，各高校教师利用在线会议、办公软件（如腾讯会议、钉钉等）和在线教学系统（如腾讯课堂、雨课堂、智慧树等），同时辅以微信群、QQ群，实现课上、课下师生之间的互动与联系。可以说，在疫情期间，在线教学在全国范围内迅速普及升温，并走向成熟。

第三阶段是在线教育3.0时代。这一阶段涉及更为深刻的“范式转移”，从“在线教学”走向“在线教育”。虽然两者仅有一字之差，但却失之千里。在线教育更接近或更能体现教育的本质，即除了关注知识的传授，更加关注其育人功能。在线教育3.0时代需要解决的一个核心问题是基于互联网进行的教育实践如何在传递知识的同时，实现对学生全方位的能力培养、价值塑造、人际社群建构以及身份认同等更为广泛而深刻的教育目标。在这次疫情的推动下，运用互联网进行的各种教育实践中，一些在线课程教学已经远远超越了知识传授层面，开始尝试对学生进行全方位、深刻的教育影响。可以说，这一前所未有的线上教学实践正将中国在线教育引入2.0时代的成熟阶段，甚至催化出3.0时代的一些雏形与探索[3]。

（二）在线教学实现课内教学与课外活动并举

在这次疫情中，实施在线教学的另一个新突破在于各高校不仅利用在线教学进行课程教学，同时也通过在线教学开展丰富多彩的课外活动。在课程教学方面，教师们大都上线积极，为了保证教学效果，准备了多个预案。据统计，高校教师教学方式多样化，包括录播、录播＋在线互动、直播、直播＋在线互动、学生自主学习＋在线互动、学生自主学习、SPOC、PPT＋在线讨论、录制讲解视频+直播等，教学方式平均使用数量为 2.2 种[4]。

与此同时，在课外实践活动方面，各大高校充分运用网络信息技术，通过生动的图文传播和实时的互动交流，积极开展线上丰富多彩的校园文化活动，将平日线下举行的各种党团班级活动、体育比赛、学科比赛等纷纷搬上了互联网。从在线课外活动的类型来看，主要涉及以下几方面：①抗击疫情主题活动。诸如文艺作品征集、影像作品征集、心理健康教育周活动、战“疫”云讲演等，有效地激发学生的爱国情怀。②经典阅读活动。通过一系列线上导读、每日打卡、分享总结等活动，为学生营造精品阅读文化氛围。③学科竞赛。大部分高校依托国家、省、市级专业学科竞赛平台，结合各校专业特点，开展在线作品展示、在线编程、在线设计和在线答辩等多种方式的线上竞赛。④创新创业活动。如开展互联网+大学生创新创业线上培训、创业大赛在线培训以及“挑战杯”科技作品的遴选等。⑤就业资助活动。诸如毕业生春季网络招聘会、“助学·筑梦·铸人”主题宣传活动等。这些课外在线活动，不仅内容丰富、形式多样，将个人参与和集体参与有效地结合起来，同时还通过采取“弹幕”“打卡”“PK”等“互联网 style”的方式让大学生在互联网中实现人际社会交往，学会在互联网环境中与他人进行密切的互动，从而获得更为丰富的教育体验与收获。因此，在疫情的推动下，在线教学不再仅仅是单纯的上网课，已经开始初步尝试课程教学与课外活动并举的教育实践，为在线教育的下一步范式转移奠定了实践基础，也为网络虚拟大学的发展提供了有效的经验。

（三）在线教学为高等教育国际化提供契机，为世界提供中国方案

随着疫情在全球迅速蔓延，世界各国的高校均面临相同或类似的局面。据联合国教科文组织统计，截至 2020 年 4 月 20 日，已有 191 个国家受疫情影响关闭学校，全球超过 15 亿学生由于

疫情无法正常返校学习。为了应对疫情，全球共同开启了数以亿计的师生共同参与的超大规模高等教育在线教学的实践活动。在线教学推倒了高校物理空间的围墙，为推动高校国际化的发展开辟了全新网络空间。为了应对疫情，履行在命运共同体理念下的责任与担当，海内外高校跨越时区，一次又一次同聚“云”端，共商全球疫情蔓延下的在线教育挑战与变革，共谋交流合作新发展。2020 年 4 月 24 日，由清华大学与联合国教科文组织（UNESCO）联合举办的“全球大学特别对话：新冠疫情下的大学在线教育及展望”会议，在线开启了高等教育国际合作的新形式[5]。

一直以来，我国采取了多项措施积极发展在线教育。在疫情之前，我国慕课的数量和应用规模均居世界第一。疫情发生后，教育部组织了 37 家国内知名在线课程和技术平台免费开放 3 万余门慕课和 2000 多门虚拟仿真实验教学课程，提供在线学习解决方案。同时，动员企业力量提供在线教学保障，先后近 200 个平台为高校师生提供了技术支撑和资源选择[6]。大规模在线实践已经积累了相当的经验，这些经验是值得所有人关注和借鉴的。因此，在世界疫情仍然严峻的背景下，我国以开放姿态推出了高校在线教学英文版国际平台，为全世界有意愿的教师和学习者提供在线教学的中国经验、中国成果。这为我国高等教育国际化的进一步发展提供了一个重要契机。

二、在线教学中存在的问题

在线教学的全面铺开基本实现了“停课不停学”这一要求，确保了学生有课上。但与此同时，也暴露出了一些新的教学与管理问题。如何保证在线教学的质量，确保持续不断地跟进在线学习，将是在线教学工作不断推进过程中必须解决的问题。

（一）网络平台的建设仍需不断完善

线上教学平台的功能和网络质量等已成为制约师生线上教学体验的重要因素。在线平台由于同时在线使用的人数过多，而平台系统承载能力有限，一时间海量访问给平台服务器带来了巨大的压力。因此，难免在运行过程中出现服务器崩溃、APP卡顿、网络拥堵、难以登录、预习复习作业无法提交、网络资源无法下载、直播有回音或杂音等情况，甚至有时候教师在上课过程中不得不频繁更换在线平台。除此之外，还存在线上教学平台繁多、良莠不齐的现状。由于事发突然以及不同教学平台涵盖的教育资源不一样，各高校只能采取应急的管理策略，放开了教师对在线教学平台选择的自由，从而方便教师进行在线教学。不同课程在线学习选择的平台不一样，这在某种程度上给学生带来了困扰。调查数据显示，64.3%的学生认为“使用平台太多，经常来回切换”对他们造成了困扰[8]。

（二）教师在线教学的应用能力有待提高

在线教学的最终目标是通过信息技术真正实现网络空间带来的个性化、智能化教育模式，但是，目前的线上教学距此目标还有相当大的差距。在线教育不是仅仅把传统教学转移到网络上，转移到各个平台，从传统的“黑板＋粉笔”转换为“网络＋讲授”，而是进行一场基于信息技术的教学范式变革，这就要求教师应具备与线下教学所不同的能力结构，特别是面向技术应用的在线教学实操能力。然而，在这次疫情中，大部分教师是首次尝试在线教学实践，尽管大多数教师面对这次挑战表现出的响应速度和敬业精神是值得嘉奖的，但是由于全国各地高校教师信息技术水平参差不齐、工作任务繁重，在特殊情况下突如其来的在线教学要求给相当数量的教师带来了巨大的冲击与挑战，暴露出许多问题。诸如由于网络不畅通、平台交互性不足以及自身操作不熟练，教师经常面临教学断片的尴尬境地。同时，一些教师由于没有在线教学的经验，缺乏良好的教学设计，虽然在形式上做到了在线，但实际教学效果却不尽如人意。尤其是在在线技术与教学融合方面，面向互联网的教学教研应用能力还存在着相对空白[7]。

（三）学生的自律性与信息技术核心素养有待养成

在线教学需要学生具有更高的自律性。尽管在传统教育模式下，学生自律性问题也是存在的，一般情况下，坐在前排的学生自律性较强，坐在后排的学生学习状态令人担忧，玩手机、聊天、睡觉都是常态。在线下课堂即实体课堂，教师面对学生的消极态度，可以灵活地运用各种方式方法，调动学生学习的积极性与能动性，抑制学生的消极性甚至破坏行为。而在线上的教学模式，敷衍或应付变得非常容易，学生是否真正参与在线课程？学生是否愿意主动去听视频课程？在线学习的过程中是否能够保持不受外界干扰？或者仅仅是进入线上课堂，但实际上却是去打网络游戏、看娱乐节目、玩抖音、聊微信和 QQ？教师对此一无所知。相比线下规定时间、固定地点上课而言，线上教学考验了学生的自我管理能力和自律能力，尤其在疫情期间，学生都是居家学习，一切凭借学生的自主性和能动性，教师无法有效运用已有的方式方法去调动学生的积极性与主动性，这样无疑给学生自我管理带来了更大的难度。在网上流行的一个段子，是对在线教学中师生状态的真实写照：在课堂上，老师以 5G 的速度讲，“学神”以 3G 的速度记着，“学痞”以 2G 的速度干瞪着，“学民”经常掉线，“学渣”是搜不到也连不上，最后自动关机了。

从学生角度来分析在线教学存在的另一个问题，就是学生尚未养成良好的信息技术核心素养，即“数字化学习与创新”还较为欠缺。作为大学生，应该重视数字化学习能力的养成，诸如如何检索网络资源，如何收集网络信息，如何开展网络研究，如何运用网络工具进行小组合作与分享、创新实践等。学生的数字化学习与创新的能力有待进一步提高，只有这样，才能适应学习型社会发展的需求。

（四）教育公平问题再次凸显

在线教学实践过程中，“数字鸿沟”（即在信息化时代，拥有工具的人以及那些未曾拥有者之间存在的鸿沟）一直是人们不能回避的一个问题。尽管从技术上看，在线教学的本质上具有平等、公平的特性，这也是在线教学想要实现的终极目标。但是，这种公平得以实施的一个前提条件是所有的学习者都能充分地接触和使用信息技术，在满足这一条件之前，在线教学的平等性还是受到各种因素的制约。在疫情期间，居家学习已经成为从小学到大学各个阶段学生的必选，但是由于学生居住的局域网络覆盖情况以及家庭经济状况等存在差异，有些家庭根本就没有网络，甚至没有电脑，即便是具备相应的硬件设施，也可能网速较慢，硬件质量较差。这样势必会让边远地区、少数民族地区或一些城市低收入家庭的学生无法通过网络获得等质的教育，教育公平问题再次凸显。对此，联合国教科文组织也明确指出停课的负面影响之一，就是学生无法平等地访问在线教学平台，缺乏技术或良好的互联网连接是学生继续学习的主要障碍。

三、实现在线教学常态化发展的对策建议

关于网络平台卡顿、掉线、技术上缺乏支持，教师缺乏在线教学经验，学生自我管理难以把控等在线教学现存的问题，只要后期加快 5G 网络建设，加大教育资源平台建设，鼓励社会教育机构参与课程开发，这些问题都可以解决。在线教学问题的关键在于如何利用技术与教育真正意义上的结合，改造传统的教育结构与模式，实现在线教学未来常态化发展。疫情下的在线教育，

最大的挑战不是技术，而是“教育”[9]。因此，“如何教好课、如何学好习”才是对高校师生最大的挑战。疫情后，在线教学将从“新鲜感”走向“新常态”。“以学生为中心”的教学理念将逐步树立并落地，学生的自主学习能力也将逐步提高。

第一，构建“以学生为中心”的教与学。

互联网+教育体现了个性化、移动化、社会化和数据化的特征。课堂教学在课程教材、教学策略和评价管理方面都发生了相应的变革。2017 年 9 月，教育部部长陈宝生在《人民日报》撰文，吹响了“课堂革命”的号角，明确指出课堂教学改革需要坚持“一个中心，两个基点”，即“以学生为中心”，“坚持素质教育在课堂”和“坚持教为学服务”。“以学生为中心”，即一切从学生出发，做任何工作必须考虑学生喜欢不喜欢、愿意不愿意、拥护不拥护、答应不答应、发展不发展，这是教育工作的出发点。应将这次因疫情而催生的“应急教学”作为起点，将信息技术与教育教学深度融合，而不是仅仅局限于把传统教学转移到网络平台上，更需要的是进行一场基于信息技术的教学范式变革，将传统的“为了教师教而教”的以教师为中心的教与学，转变成“为了学生学而教”的以学生为中心的教与学，即以学生的学习成效为中心，以学生的学习需求为中心，以学生的学习能力为中心。

如何实现以学生为中心的教与学？以学生为中心的“教”就是教学设计应围绕学生的学习成效或需求，以学生为中心的“学”就是学习效果时刻能够被学生了解。因此，应将资源（慕课、SPOC、微课等）、方法（翻转课堂、混合式学习）和平台（智慧树、SPOC、雨课堂、超星学习通等智慧教学解决方案）三者有效地统筹整合起来。从教学设计上看，课堂教学内容做减法（内容课前课后补充），课堂教学效果做加法，也就是需要重视以下三个环节，避免在教学工作中出现形式主义倾向。

（1）课前预习。每次课堂教学之前，教师运用雨课堂等慕课平台、微课等方式推送学习资料，实现高效预习。通过查看学生的预习情况，了解每个学生对布置的问题、视频是否消化了，从而进行针对性的教学。

（2）课中教学。在课中灵活运用小组讨论、项目化学习、游戏化学习、角色扮演等方式，让学生从被动的接收者变为主动的学习者。针对不同类型的学生提出不同要求，体现个别化。例如，对成绩好的学生设置挑战性的问题，激发学生进一步学习的动机；对成绩相对差一点的学生，设置简单的题目，巩固基础。

（3）课后复习作业。每次课堂教学之后，教师发布相关视频资源或辅助资料，供学生复习和自主学习。师生也可以在网络教学平台上发布或回复专题讨论，通过互动交流来答疑和深入理解课程知识。课后作业也是教学的重要组成部分，将课后作业的布置与有效检查结合起来，避免走形式主义，否则作业的作用和功能就难以真正发挥出来。

总之，课前、课中、课后三个环节是各不相同的内容，这样就避免了传统教学中的预习、上课、复习是同一内容不同程度学习的问题。还需要进一步强调的是，慕课并不需要人人都去建，但是基于慕课资源、SPOC 平台或雨课堂工具的翻转课堂，在这次疫情后高校教师都应该在课堂教学中进行实践，摸索技术与教学相结合的有益经验。

第二，厘清在线教学中的“变”与“不变”。

作为一名高校教师，需要扪心自问：在线教学带来的“变”与“不变”各是什么？如何坚持“不变”来适应“变”？这一战略基础非常重要。在线教学中的“变”无外乎体现在课程体系、教学内容、教育技术、教学手段、教育资源等方面，而“不变”则表现在激发学生兴趣，启发学生想象力，师生互动，培养思维方式和方法，培养学生发现、提出、分析、解决问题的能力，培养质疑精神和批判性思维能力，教学团队建设等方面。总之，所谓的“变”，仅仅是教学之“形”、教学之“术”发生了变化，诸如教学内容要优化、教师模式要变化、教师角色要转化。所谓的“不变”，就是教书育人的初心不变，聚焦课堂、关注学生发展。因此，应准确把握在线教学“变”与“不变”的辩证关系。在“互联网+教育”的背景下，教师的角色不会被取代，但不会使用网络技术的教师会逐渐被淘汰。教师需要将教学思维和互联网思维有机融合，熟练掌握线上教学技能。与此同时，建立在线教学辅导团队，总结推广典型的教学经验与模式，相互交流与学习，为教师提供技术支持。

第三，教学中凸显问题意识。

教学不应局限于知识层面的获得，最重要的是落脚于问题的提出和归纳，这就要求在吃透书本和消化诸多信息的基础上进行问题的提炼，问题既要具有现实性，又要具有前瞻性。因此，应利用在线教学的契机，科学合理地安排课前预习、课堂讲授与课后巩固的衔接，在课堂上真正地实现问题性教学，适当减少一般性知识的讲授，让学生在课堂上通过发现问题、提出问题、解决问题实现知识的内化，将传统意义上的课堂变成师生共同分析问题、解决问题的平台。人才培养的目标已经远远超出知识传递的范畴，应通过各种教学方法和策略，更好地实现学习者主动学习。在教学实践中，应积极尝试问题驱动式教学，将讲授的对象作为问题进行研究，课堂上师生共同解决问题。教师以“问题”为载体，构建“问题课堂”，引导学生主动经历从学会“渔”到获得“鱼”的学习历程。

第四，构建师生互动的新常态。

在线教学以网络平台的应用作为师生关系建构的主要途径，师生置身于虚拟的空间中，这样在某种程度上导致教师对学生管理与监督的弱化。为避免出现教师放任不管、学生自我放逐的形式主义，还应重建正确的师生关系，将师生互动变为一种“新常态”。毋庸置疑，教学过程是动态发展的教与学相统一的交互过程或交互活动，而面对不断弱化的线下教学，面对没有师生面对面互动的课堂，面对不记笔记的大学生，如何让他们动起来？在信息技术普遍应用的背景下，应充分利用各种网络平台的功能，鼓励更多的学生更广泛地参与到教学中。通过课堂讨论、小组合作汇报、学生点评等方式，进一步调动学生学习的积极性和主动性。利用各种有效方式，诸如限时答题、弹幕、聊天区、电子板书、讨论区等，让学生在课中、课后能随时表达自己的观点与看法。教师应充分发挥主导作用，构筑及时沟通与交流的机制，及时根据学生的反馈进行相应的调整，通过教师的主导调动学生的积极性、主动性。

在线教学不仅是在疫情期间起到救急的作用，也是近几年来高等教育在教育教学领域一直致力推动的一场学习革命。2020年3月2日，美国高等教育信息化协会（EDUCAUSE）发布了《2020年地平线报告：教与学版》（2020 EDUCAUSE Horizon Report Teaching and Learning Edition），在线教育高频次地出现在本次报告的不同模板内容中。报告指出，在线教育是气候等特殊因素的影响下保持高等教育活力的一种有效方式，能满足学生对低成本、灵活教育的需求[10]。对我国而言，在线教学在这次如此大范围实践的基础上，将从“应急式”的应对措施成为高校复学后的“新常态”。高等教育教学再也不可能、也不应该退回到疫情发生之前的教与学状态，融合“互联网+”“智能+”技术的在线教学已经成为整个高等教育发展的趋势。

参考文献：

[1] 教育部：在线教学要从“新鲜感”走向“新常态”［N］. 科技日报，2020-05-15.

[2] 教育部新闻办. 疫情期间1775万大学生参与在线学习，效果怎么样？这场发布会详解高校在线教学情况［EB/OL］.［2020－05－20］. https://www.thepaper.cn/newsDetail_forward_7396907.

[3] 杨斌，黄成. 超越在线课程：疫情之下高校在线教育的突破［J］. 中国高等教育，2020（8）：25－27.

[4] [8] 胡小平，谢作栩. 疫情下高校在线教学的优势与挑战探析［J］. 中国高教研究，2020（4）：18－22.

[5] 15国大学对话：疫情下全球高校应携手推动在线教育变革［EB/OL］.［2020－05－10］. https://www.sohu.com/a/391204495_627960.

[6] 杨宗凯. 以信息化促进高等教育国际化［N］. 中国教育报，2020－05－05.

[7] 胡小勇. 如何做好疫情下的在线教学［J］. 今日教育，2020（3）：12－15.

[9] 朱永新. 疫情下的在线教育：最大挑战不是技术，而是“教育”［EB/OL］.［2020－05－20］. https://www.thepaper.cn/newsDetail_forward_6181605.

[10] 陈新亚，李艳.《2020地平线报告：教与学版》的解读及思考——疫情之下高等教育面临的挑战与变革［J］. 远程教育杂志，2020（2）：3－16.

学前教育跨专业方向升本学生状况和学习期望的调查

——以四川师范大学应用技术学院2016级学生为例

黄　景

四川师范大学应用技术学院

摘　要：专升本教育是我国学历教育中重要的组成部分，学前教育专业专升本教育为社会培养了实践能力强、专业知识够用、技能突出的应用型人才。但在学前教育专升本学生中还存在着部分相近专业跨专业升本的学生，对这部分学生专业学习的状况和需求的调查和研究，将给专升本学校学生培养提供一定的参考。

关键词：学前教育；专升本；学生状况；学习期望

一、研究背景

近年来，社会对幼教需求激增，国家层面重视学前教育，先后出台了《学前教育指导纲要（试行）》《国务院关于当前发展学前教育的若干意见》《幼儿园教师专业标准》等政策，高校也加大了对学前教育专业的建设。当前幼教总数增加，学历层次整体上移，但部分地区幼儿教师仍以专科学历为主，未能满足社会日益增长的对专业人才的需求。同时，大专学生中广泛存在学历层次提升需求，大专学生需要正规的升学通道，升入本科继续学习，目前高校举办的“3+2”（专科3年，本科2年）专升本模式恰好为大专学生提供了学历提升平台。然而在专科阶段的培养中，大专学校根据自身定位和师资情况普遍将学生分为学前教育、学科教育、艺术体育教育方向，本科阶段中普通高校专业设置中比较常见的对应专业为学前教育和小学教育，导致专科学生升本到学前教育本科后，在专业学习上容易遭遇困难和瓶颈。因此，对跨专业方向升入学前教育专业本科生的学习期望的调查具有实际意义，这将对本科阶段的学生培养有一定的参考价值。

二、调查结果分析

本研究主要采取问卷法，问卷经过初测和修改，采取集中的方式在新生入学教育时向学院 2016 级专升本的全体学生发放问卷，要求学生当场填写并回收。共发放问卷 169 份，回收 169 份，回收率 100%，且问卷全部有效。下面说明经过整理分析后的调查结果。

（一）学生基本情况分析

2016 级学前教育专升本学生总人数 169 人，其中男生 5 人，占 2.96%；女生 165 人，占 97.04%。专科专业分布情况：初等教育 13 人，占 5.92%；初等教育数学方向 6 人，占 3.55%；初等教育语文方向 22 人，占 13.02%；初等教育体育方向 1 人，占 0.59%；初等教育英语方向 14 人，占 8.28%；学前教育 111 人，占 65.68%；早期教育 2 人，占 1.18%。从学生基本情况来看，男女比例失衡，学前教育专业学生绝大部分为女生。专科专业升本的学生还是以学前教育专业学生为主，初等教育方向升本的学生次之，而艺术体育方向的学生最少，以上专业方向升入我院本科全部对应为学前教育专业，整体来讲跨专业方向升本进入学前教育专业的学生比例还是很高的，这部分学生在学习过程中往往会遇到一些困难，会给专业教学带来一定的挑战。

（二）专科阶段和本科阶段课程衔接的情况分析

1. 专业基础课程的衔接情况调查

问卷中就专升本学生专科阶段专业基础课程开设情况进行调查，各课程开设率如图1所示，教育学为94.08%，教育心理学为92.31%，大学英语为96.45%，技能课（音乐、琴法、舞蹈、美术）为89.35%，以上课程都没有开设的仅为1.18%。由此可见，各专业方向在专科阶段和本科的课程上衔接还是比较紧密的，专科阶段目前开设了我院专业基础课中的绝大多数课程，便于本科阶段学生培养中在技能的基础上进一步加强理论的学习和综合素质的提升。

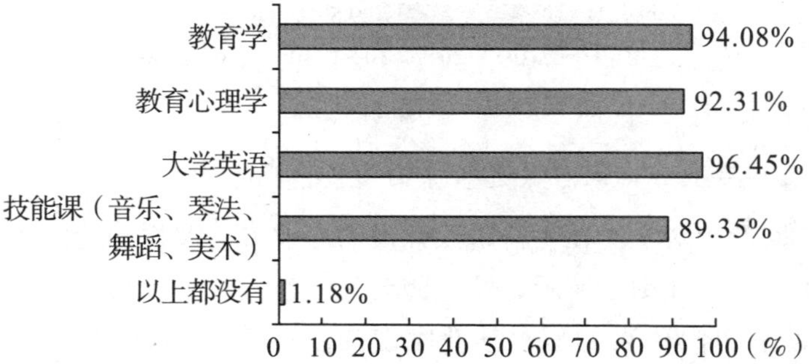

图1

2. 专业核心课程的衔接情况调查

如图2所示，所列出来的课程为学院目前培养方案中的专业核心课程，专科阶段课程开设的情况：幼儿保育为38.46%，学前卫生学为69.82%，中外学前教育史为15.38%，幼儿游戏论为68.64%，学前儿童家庭教育为29.59%，学前教育研究方法为65.68%，五大领域课程设计为67.46%，幼儿园课程为52.07%，以上课程都没有开设的为29.59%。由数据可见，专科阶段核心课程开设偏向于幼儿保育、学前卫生学、幼儿游戏论、五大领域课程设计和幼儿园课程等技能和操作性较强的课程，而专业理论性课程，如中外学前教育史开设率较低。另外，最近比较受关注的家园共育类课程开设率也比较低。

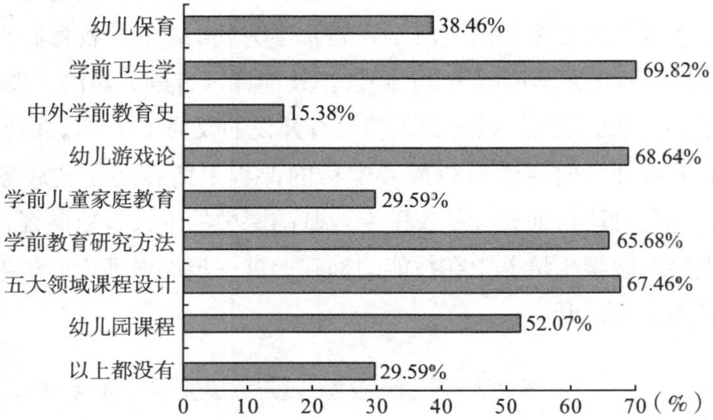

图 2

3. 专业方向课程及选修课的衔接情况调查

问卷中对学生在专科阶段开设的专业方向课程和选修课程进行了调查，如图 3 所示，幼儿园政策与法规为 24.26%，幼儿园组织与管理为 49.11%，幼儿园课件制作为 33.14%，幼儿园环境创设及玩教具制作为 68.05%，幼儿教师职业道德为 45.56%，人际沟通及技巧为 23.67%，以上课程都没有开设的为 22.49%。由数据可以看出，在专业选修课及方向课程中，环境创设、课件制作和班级管理等操作类课程开设率较高，政策法规及人际关系类课程开设率较低。

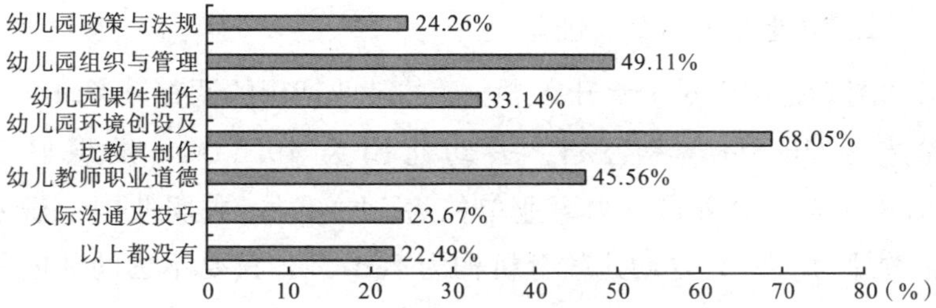

图 3

（三）学生专升本的主要目的和就业期望的调查

1．学生专升本的主要目的

良好的目的是学习进步的最佳动机，调查中针对学前教育专升本的学生升本的目的进行了询问。如图 4 所示，90.53％的学生升本是为了学历提升，拿本科文凭扩宽就业口径为 6.51％，认为本科文凭参加公招考试更有优势的为 2.96％，而父母要求和不清楚两个选项为 0％，可见学生升本的目的还是从自身学历出发的，学生有主见，有学习的动力，对专科文凭还是不满足的，为了提升文凭积极准备升本，拓宽自己的就业口径，增加就业的砝码。

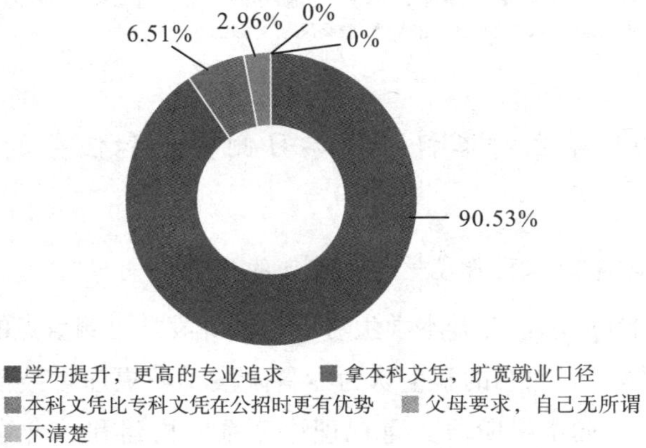

图 4

2. 学生专升本的就业期望

图 5 是学生对于专升本毕业后的就业期望的调查，考研继续深造为 56.8%，考公招、去幼儿园为 10.65%，没想好为 11.83%，考公务员、去事业单位为 11.24%，去职业中学做专业教师为 5.92%，幼儿教育机构为 2.37%，只要不去幼儿园其他都可以为 1.19%。从学生的就业期望来看，整体还是比较偏保守的，选择参加公招考试和去事业单位的比例较高。选择读研继续深造的比例最高，这是比较好的趋势。但没想好未来做什么的学生比例也不在少数，对于此类学生，教师要加强引导。

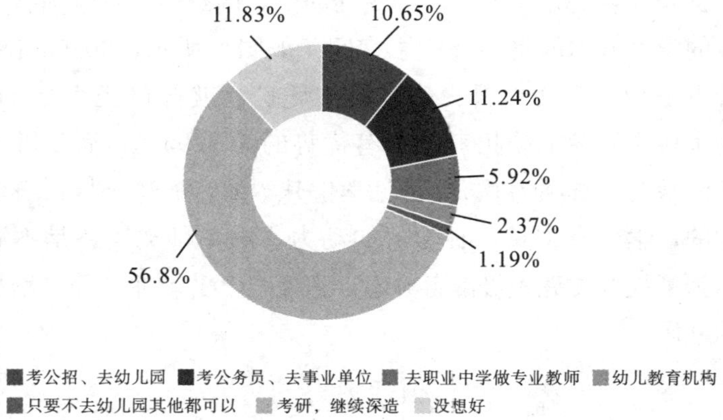

图 5

（四）学生对本科阶段学习侧重点和任务的认识的调查

1. 学生对本科阶段学习侧重点的认识

如图 6 所示，专升本学生对于本科阶段学习侧重点的认识比较多元化，85.21%的学生认为专科阶段学习更注重技能，理论够用即可，而本科阶段更重视理论体系的构建和综合素质的养成；13.61%的学生认为本科和专科学习本质无差异，都是理论和技能并重；1.18%的学生表示不清楚两者的差异。学院应加强引导，让学生对本科和专科的学习特点、学习方法进一步了解，使本科学习更加有目的，学习变得更容易。

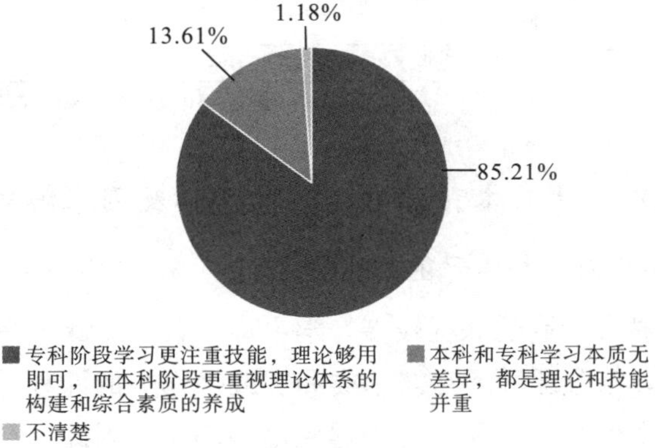

图 6

2. 学生对本科阶段学习任务的认识

调查发现学生对于本科阶段的学习任务也有一定的了解和自己的认识，问卷中该题目为多选题。如图 7 所示，91.72%的学生认为本科的任务是完善学前教育专业理论学习，提升综合素质；78.11%的学生认为需要继续加强技能训练，增强实践操作能力；74.56%的学生认为需要提升自我，准备考研；44.38%的学生认为要多去幼儿园见习，增加实际工作经验；47.34%的学生认为能顺利毕业和就业是主要任务。学生整体对学习任务的把握是很好的，既兼顾了学习，也能很好地把学习和实践操作联系到一起。

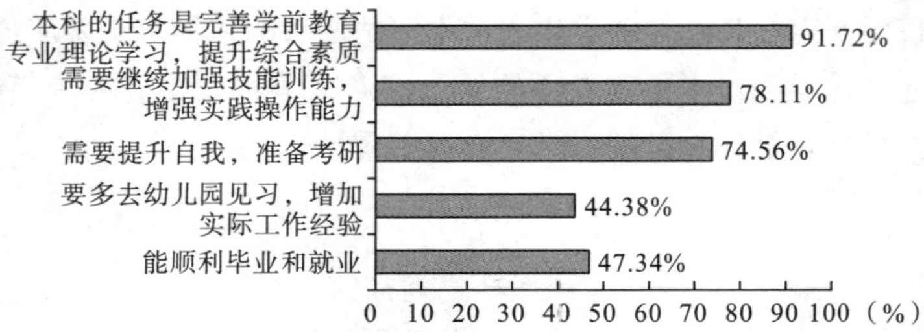

图 7

（五）学生对本科学习困难的预估及困难解决的设想

1. 学生对本科学习困难的预估

学前教育专业的课程较多，学习难度较大。课程中除了专业理论课程，部分课程还是艺术类和实践操作类的课程，跨专业方向升本的学生会在专业学习中遇到诸多困难，因此，专门对学习困难进行了调查。如图 8 所示，有 31.36%的学生感觉自己的幼教技能类知识欠缺，音乐、舞蹈、琴法等技能差，比较难补上；7.69%的学生认为专升本学制 2 年，时间短，无法补足短板；5.33%的学生认为他们的专业知识几乎为零，理论基础弱；2.96%的学生认为无困难，从头学没问题；52.66%的学生认为专科阶段专业就是学前教育，不存在此问题。学院要加强对学生的引导，要让学生对幼儿教师有比较正确的认识，让学生了解幼儿教师不仅仅是会唱歌、弹琴和跳舞，更重要的是具有与时俱进的幼儿教育先进理念和解决各种问题的实践能力。因此，理论课程的学习和技能实践及操作类的课程都要兼顾，并根据自己的情况做适当的调整。

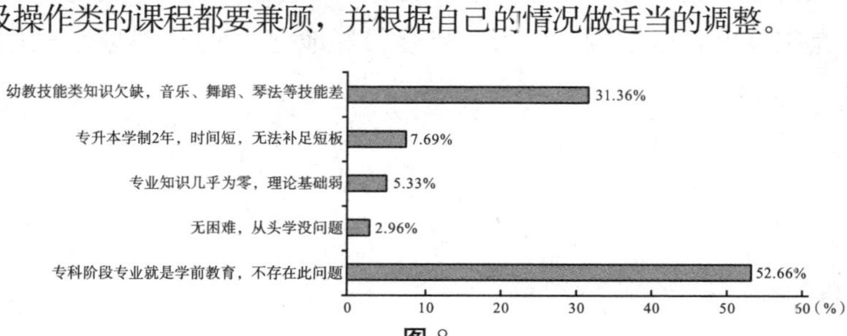

图 8

2. 学生对本科学习困难解决的设想

对于本科阶段会遇到的困难，学生有一定的心理准备，调查发现学生也进行了选择。如图9所示，39.05%的学生希望学院能对学生分层教学，根据学生实际情况分组教学；31.95%的学生希望技能类课程能分层分组教学；26.04%的学生希望学院能让专业方向一致的学生和跨专业方向升本的学生结对子学习，互相帮助；4.73%的学生表示没有其他要求，按学院计划即可；52.07%的学生认为专科阶段专业就是学前教育，不存在此问题。调查结果显示，学生在面对学习中的困难时，还是能主动思考，主动寻求帮助，整体情况较好。

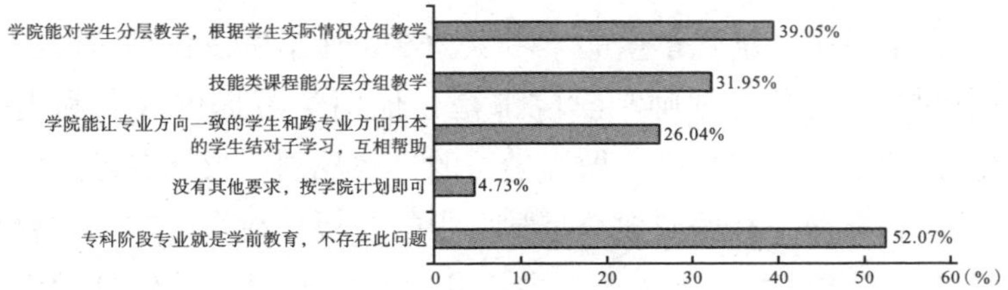

图9

三、针对跨专业方向专升本学生学习的策略

（一）学院层面

调研是了解和解决问题的前提，做好跨专业学生的调查，了解他们专科阶段的专业方向和学习情况，帮助他们预估在本科阶段会遇到的困难，将有助于我们对培养方案进行优化。在调研后，学院针对2016级学生中跨专业方向升本比例较大的情况，主动调整了培养方案，简化了学科平台课，加强了专本衔接课程，优化了专业核心课程，并在方向中设置了职教师资方向，期望以此夯实学生的专业理论知识，扩宽学生未来的就业口径。

在授课形式上，艺术技能课程采取分层分组教学的方式，将跨专业学生和学前教育学生搭配和分组，促进学生结对学习，形成互帮互助的学习氛围。在授课方式上，改变传统的教学模式，采取线上线下结合的方式，除了课堂上的学习，学生还通过线上的在线课程，扩大视野，夯实专业基础，提升综合素养。

在学生管理上，做好入学前的入学教育，了解学生情况，做好学生心理疏导。指派专业教师作为学生的班导师，和辅导员一起加强对学生各方面的管理和帮扶。加强考研、就业和各类竞赛及大学生创新创业的指导，提升学生综合能力，增强学生的附加值。

（二）学生层面

在学习中，增强学生的学习主动性，让学生意识到自己在学习中的主导地位，教师和学院都是为他们学习提供服务和支持的。帮助学生了解自己，做好学习的自我规划，根据自己的学习情况，有选择、有偏向地补足学习中的短板，在学习中变“要我学”为“我要学”。课堂教学中，利用在线课程让学生自学，到课堂上进行翻转，学生做教师，讲授专业课和分享，教师做补充，提升学生学习的成效和自我学习的能力。

在就业方面，清晰认识自己，找准自己的定位，提前做好职业规划。要考研的学生，和自己的辅导员和班导师加强联系，做好考研规划，并尽早准备；毕业后要就业的学生，在本科期间可加强到一线的实践，利用学校的平台，到实训基地实习，增强实践操作能力，为就业做好准备；对创业感兴趣的学生，抓住学校的创新创业训练的机会，多申报项目，参与实践，为创业打好基础。

学习和生活中要有挑战精神，要迎难而上，养成终身学习的习惯，增强自己的逆商，提高学习能力和解决问题的能力。要有意识地锻炼自己适应社会的能力，增强自信心，为梦想去拼搏和努力。

参考文献：

［1］任丽平，郑珂．高师学前教育专业学生科学素养的现状调查研究——以S学院为例［J］．陕西学前师范学院学报，2018，34（9）：46－50．
［2］潘杨璐，黄晓聪，陈萍．专升本学生学习状况调查研究——以武汉某民办高校为例［J］．现代职业教育，2017（3）：86．
［3］刘霞．高师学前教育专业课程设置及学生满意度调查——以云南师范大学教育科学与管理学院为例［J］．滇西科技师范学院学报，2016，25（1）：46－54．

广播电视编导专业在“媒体融合”环境中的人才培养探索

——以四川师范大学广播电视编导专业为例

骆志伟

四川师范大学影视与传媒学院

摘　要：本文以四川师范大学编导专业的发展为例，着重探讨“媒体融合”环境中人才培养的可行性方法，阐释如何发展的总体状态与目标，如何深究实践教学的定位与规划，如何制定切实可行的实践培养的方法与手段，如何践行“协同创新”的人才培养模式，尝试从这四个方面说明一种因地制宜的方案，以期提供一个有效的探讨文本，共同推进“媒体融合”环境中的广播电视编导人才培养。

关键词：广播电视编导专业；媒体融合；教学；人才培养

随着信息传播技术的迅猛发展，传媒人才需求已从掌握单一媒体向熟悉全媒体的综合性人才发展，从信息传播向兼具经营管理能力的复合型人才发展，从本土化向具有国际化视野的应用型人才发展。当下市场经济条件下的传媒产业发展为编导教育提出了新命题，延续使用传统的讲授与专业实习分离的编导人才培养模式，会导致课堂知识与实用技能的脱节，更多的专业技能和专业素养需要践行实习才能逐渐培养和建立起来。

2015 年，《人民日报》在《融合元年——中国媒体融合发展年度报告》中指出：“传统媒体和新兴媒体的关系，大体经历了三个阶段，一是传统媒体建设新兴媒体，二是传统媒体和新兴媒体互动发展，三是传统媒体和新兴媒体融合发展，现在正进入第三个阶段。”[1]媒体融合不仅给影视业界带来了显著变化，而且对高校的广播电视编导教育产生了很大影响。人才培养与人才需求之间的偏差，一方面导致了高校培养的大量广播电视编导人才不能顺利就业，另一方面导致了媒体急需的人才短缺，特别是适应数字化、产业化发展的媒体经营管理人才、采编播交叉型人才、一专多能综合性人才更是十分匮乏。2014 年 8 月 18 日，中央第四次全面深化改革小组全体会议将媒体融合从业界改革方案提升到国家战略层面[2]。2019 年 1 月 25 日，中共中央政治局在人民日报社就全媒体时代和媒体融合发展举行第十二次集体学习[3]。鉴于此，紧密结合媒体融合发展环境下编导人才需求情况的变化，改革和优化编导专业人才培养模式，探索编导专业人才培养创新路径，是当前国内高校编导专业人才培养的努力方向。

四川师范大学广播电视编导专业本科教学遵循理论教学与实践教学一体化设计原则，以实践为主线，着力培养“四个统一”的应用编导人才，即政治性与专业性的有机统一、理论与实践的有机统一、素质与能力的有机统一、广播电视编导与多学科知识的有机统一。在人才培养上，既要满足市场不同领域、岗位的不同需求，又要针对学生的不同特点因材施教，培养不同层次的编导人才；既要着力培养“名学者”“名编导”，又要培养业务熟练与作品成熟的全媒体应用人才；既要培养媒体行业中“复合型”的中坚力量，又要培养能广泛适应国家机关、企事业单位宣传、策划、公关、广告、营销等泛媒体行业人才；对于有学术创新精神和科研潜力的学生，要培养为具有更高政治理论素养、专业素养的高层次编导人才。

一、明确发展的总体状态与目标

（一）建设高素质的师资队伍

编导学科的师资队伍需要形成的知识与能力有如下几点：第一，要有跨学科知识基础。不仅要了解同一学科不同专业之间的核心知识系统，更需要了解和掌握其他跨部类学科。第二，要有跨文化思维基础。要了解和把握国际范围内的业界与学界发展动态，要了解与尊重世界多元文化；第三，要有跨媒体专业基础。应该了解网络数字信息时代传媒技术的改变，多媒体信息组合传播的主要技术方法，各种媒体形式之间的能量互换方式和传播效果控制原则等。

（二）建立有效的人才培养模式

在充分调研的基础上，根据国家颁布的新本科专业有关规定，结合学校和学院的办学定位，修订完善广播电视编导专业人才培养方案，并根据此方案，研讨各教学板块课程的教学大纲，确立各门课程的教学内容。形成实践教学训练体系，对学生进行基本技能训练。改革教学训练模式，形成校内教学训练与校外媒体实践互动的训练机制。鼓励师生申报教学改革项目，大胆探索新的教学方法，形成一批教改项目成果，包括师生的高质量作品、教学论文集、教材，鼓励师生参与各种级别的教学改革奖项评比和创作比赛，鼓励师生在国内高级别媒体发表作品，产生一批数量可观的获奖作品，提升学院的国内外知名度，培育学生的创新能力。

（三）构建宽口径、厚基础、跨媒体、精专业的课程体系

“宽口径、厚基础”即坚持通识教育与广播电视编导专业教育并重。面对今天信息传播技术的发展和媒体融合进程推进的影

视业的变化，基于传统影视业结构模式和运营方式形成的编导教育课程体系面临着变革。

“跨媒体、精专业”即构建“平台+模块”型课程体系结构。在“媒体融合”的环境中，编导专业课程体系结构缺陷明显，表现为专业课程内容更新较慢、专业方法课程欠缺、与实践连接薄弱，编导学科的课程体系整体上面临着加强新颖性、科学性和实用性的改造，因此，亟须构建“平台+模块”型的跨媒体、精专业课程体系结构。

（四）搭建高质量的实验实训平台

在学院网站开辟教学互动与作品展示专栏，创建教学过程管理和师生作品网络展示平台，通过网络实现平时训练过程管理及师生互动，把教学活动中形成的优秀作品上传到网络平台展示。在学院官方微博、微信和专业公众号上及时交流教学竞赛活动和作品创作情况、与企事业及媒体合作信息、校电视站节目预告等。把四川师范大学电视站改造成一流的教学实训基地，由相关课程教师负责指导学生进行节目创作，定期播出。完善学院实验教学设施，添置、更新教学设备，近五年内新增实验室场地约4000平方米，新增设备投入逾一千万元，建成了功能完备的广播电视实验室、数字高清实验室、新媒体制作实验室、视听实验室、中小型剧场、演播室、摄影棚、录音棚等。

二、深究实践教学的定位与规划

四川师范大学以能力培养为核心，建立有利于培养学生实践能力和创新能力的实践教学体系，把“能力培养”作为实践教学的核心理念，形成理论教学与实践教学同步并行的实践教学模式。广播电视编导专业坚持以“大传播、全媒体”的理念，依托广播电视行业，在实践培养中打破界限分明的广电、电信、信息三大领域和媒介形态间的界限，构建理念新、体制新、创意新、设计新、手段新的实践教学格局。

制定实践教学规划，增强跨媒体发展的实践与研发能力，建立整套实践教学课程化、实践评估系统化、实践项目层次化、实践教学多样化的广播电视编导人才实践教育体系，全面、客观、公正地进行实践教学考核，使其成为与学科建设紧密配合，具有完整而又相对独立，有不同层次、不同系列的实践教学体系。在正确处理好理论教学与实践教学的基础上，尊重实践教学发展的自身规律，遵循“目标性、系统性、协调性”原则，因材施教，以学为主体、教为主导，使得实践教学与理论教学相互支撑，协调发展。

目标性原则：建立具有四川师范大学特色的“新媒体传播类、影视艺术类和广电编导类”实践教学培养模式，围绕卓越广播电视编导人才培养目标，把学生的素质教育、能力培养放在首位，将培养学生的能力特别是创新能力作为检测学校整体教育水平的一个标准。

系统性原则：充分体现学科发展的整体性和系统性，既要有梯度，又要有阶段性和层次性，由基础型实践→技能型实践→创作型实践，有序地向纵深发展，组成一个前后衔接、层次分明、分工明确的实践教学体系。

协调性原则：在保持实践教学的相对独立性和理论教学的并行性基础上，体现实践教学与理论教学的相关性，实现相互依赖、相互促进、相互补充、相互配合的协调发展。

三、制定实践培养的方法与策略

按传媒生产的内在联系设计实践项目，培养学生的综合实践能力和创新能力。广播电视与新媒体实践教学不同于其他学科的实践教学，不以原理性、验证性实践为主体内容，而以技能型、创造型实践为主体内容。在实践项目的设计上，传媒实践教学应更加贴近实际，以传媒生产的工作流程来设计和开展实践项目，主讲教师在授课过程中，除了讲述基本原理，应更注重培养学生的创造力和自主学习的能力，实践教学注重互动性和自主性，要鼓励学生去创新和创造。

以人为本，循序渐进的教学方法。要根据学生的认知规律和专业特点开展实践教学，在实践项目的安排上重视基础知识和基本技能的培养，教学难度由浅入深、由简单到综合，部分实践内容采取课堂内外相结合的形式，不限时间次数，使大部分学生通过媒体运作实践教学，能够循序渐进地掌握基本验证方法和基本操作技能，建立以能力培养为主线，多模块、多层次的实践教学体系。

因材施教，鼓励创新的激励措施。改变以往以技能型为主的实践教学方法，变为以综合性、研究性实践为主的创新能力培养型实践教学方法，充分调动学生的学习积极性和主动性，尊重学生的个性和兴趣，鼓励学生利用业余时间和假期在媒体实验室进行创新研究活动，积极支持学生参加全国和区域性的各种类型的专业竞赛，培养学生的专业兴趣和自主创新能力，最大限度地造就学生的专业素养。

基础与前沿兼容，传统与现代结合的实践技术。实践项目和实践技术既保留部分传统传媒技术，又积极采用数字传媒技术，以实现基础与前沿技术相互兼容，传统与现代技术有机结合。积极鼓励教师采用多媒体技术和网络教室实现教学多媒体化和网络化；实验室管理实行信息化和网络化，部分课程可以进行网络化教学。

多元实践考核方法。根据不同专业特点及不同的实践内容制定不同的考核方法，建立一个科学的实践教学考核体系，例如，有的课程可考虑成绩评定分配比例为：平时考核占 60％～70％

（操作规范10%、实际操作30%～40%、验证结果10%、实践指导书10%），最终实践操作考核占20%，设计创新性实践占10%～20%。还可建立“平时成绩记分簿”、成绩档案和计算机管理数据库。通过学生实践成绩评定方法的改革，使之能更科学、准确、全面地评价学生的能力和素质，引导学生全面协调发展。

基于影视教学较强的实践属性，我们在解决问题的过程中，应总体遵循“实践—理论—实践”的方针，建设科学的课程系统，设计合理的课程安排。

大一、大二阶段先行开设实操性课程，如影视剧作基础、数字摄影摄像、摄像创作、影视灯光、非线性剪辑、广播电视编导、电视节目制作等，使学生掌握基本的影视创作技能。

大二、大三阶段补充开设理论性课程，如艺术学原理、影视美学、影片分析、影视造型、中国电影史、外国电影史、影视伦理与法规等，培养学生的影像思维、逻辑思维、人文素养，拓宽学生的眼界，把影视教育从构成教育升华为构思教育，有效地避免学生作品中“有情景而无意境、有故事而无逻辑、有道德而无文明”的弊病。

同时，每一学年设置一次综合型的作品会演，包括大一阶段的电视节目形态展播，大二阶段的剧情片创作，大三阶段的纪录片创作，分析学生创作过程中的症结并从中得到反馈，总结教学过程中的成果与不足，及时对教学计划做出调整。学生以创作为毕业考核形式，利用大四学年创作毕业作品，教师严格规划与要求毕业创作流程，对其创作进行一次整体、系统的指导。

四、践行“协同创新”的人才培养模式

（一）全媒体协同创新培养模式

在过去重点培养电视行业广播电视编导人才的基础上，培养

媒体融合时代所需的全媒体人才，让学生从传统的“单媒体型”向“多媒体型”过渡，全面掌握广播、电视、网络等不同类型媒介的广播电视编导技能，练好照、摄、编、评、传等多种编导技能，能融合文字、图片、视音频等多种编导方式，采制出集静态图片、动态影像、文字和音频编辑于一体的综合性、立体式广播电视作品。因全媒体实践并非同质化传播，而是差异化传播，因此，要教会学生根据不同类型媒介的传播特性提供差异化广电节目。此外，要培养学生“全而专”的广播电视编导能力，在全面掌握各种媒介广播电视编导技能的基础上，明确主攻方向。在全媒体实践中不同的媒介对编导的要求也不同，电视新闻要求编导是全能型的，能一人采写文字，制作视频、音频，并进行网络报道，供不同媒介平台使用，而电视综艺节目则要求编导有所专长，因为这些编导主要采用团体工作制，常由两三人共同完成编导任务，团队内部分工明确，出镜采访、摄像摄影、文字写作均由专人负责。

在实践平台的建设上适应全媒体培养模式，整合校内外各类媒体资源，构建从学院到学校再到校外的多层级全媒体实践平台。低年级学生可先参与院办电视站、网站等各类媒体的广播电视编导实践，积累一定经验后再到学校的实践教学平台，如校电视站、校广播站、校报、学校新闻中心、学校网站参与不同类型媒介的广播电视编导业务工作，高年级学生到校外各类媒体实习。无论校内实践还是校外实践，均鼓励学生到不同类型媒体轮训，循序渐进地培养学生的全媒体广播电视编导能力。

（二）双师型协同创新培养模式

与国内媒体联合培养广播电视编导人才。以“3+1”为主展开实训式培养，学生前三年在校学习，第四学年到媒体实习。实施“送出请进”战略，要求专业课任课教师必须分期分批到知名媒体和传媒企业从事传媒实践工作，熟悉媒体及公司的运作流程，积极参与媒体生产与创作，积累实践经验。同时邀请业界精英担任部分课程教师，定期来校授课或开办讲座。

与省内外大中型传媒公司和各大中型媒体联合，选派基础扎实的学生利用节假日参与影视剧及广播电视节目、新媒体节目创作，充分发挥媒体机构在培养学生实战能力方面的优势。鼓励有实力的教师课余带领学生承接校外媒体及公司的创作任务。

推行一、二、三年级见习制度，根据一、二、三年级专业课程的开设情况，定期安排学生到实践教学基地见习，为四年级到媒体实习奠定坚实基础。第一学年学生在校外媒体见习一周，观摩媒体运作流程；第二学年学生在校内外实践平台见习两周，参与校内外媒体具体运作；第三学年期末安排一个月的实践小学期。

（三）联合实训式协同创新培养模式

通过建构实践教学训练体系，形成课程之间、实训环节之间、课堂内外的呼应配合。在充分发挥学院技术优势，重点开设现代传播技术课程的基础上，采用部分课程联合实训的方式，要求任课教师打破课程局限，在分步骤培养学生广播电视编导技能的基础上，增强课程间的合作与衔接，最终培养学生的综合技能。在实训环节上，通过分学年阶梯式的电视节目形态展播、剧情片竞赛、纪录片竞赛、毕业设计等实践教学环节的训练，打造全景式、立体化的校内实践教学框架。同时增设综合实验课程，让学生利用课余时间开展全方位的技能训练。

此外，形成课堂内外互动的实训机制。建立校电视站的指导教师团队，分期分批对学生进行节目创作实战训练，检验学生课堂训练的成果。充分利用四川师范大学传媒培训制作中心的强大功能，鼓励教师组建作品拍摄制作团队，完成中心的拍摄制作任务，以项目培育学生，并为参加专业比赛的学生配备专业导师。

（四）实践创新培养模式

合理化课程体系与教学目标。以“实践先行，理论指导”作为课程群建设的核心指导思想，对原有课程设置进行革新。其中四大阶段性创作活动——电视节目形态展播、剧情片创作、纪录片创作、毕业创作——是对学生专业技能的年度测试，是师生双方查漏补缺的有效手段。

注重特色化教育。面对当前市场激烈的竞争环境，优秀的影视技能教育使学生拥有了一般性竞争手段，培养学生卓尔不群的创作风格、选题思路则是面对竞争出奇制胜的法宝。结合我校的学科优势、地理优势、文化优势，教师在指导创作过程中，力求让学生发掘西南地区风土人情的影像魅力，使学生掌握地域性、民族性影像作品的创作方法，以此获得与众不同的竞争利器。

扩大专业影响力。我院师生积极参加各大电影（电视）节、电影（电视）展映活动，增强我校的影视教育专业在业界的影响力，不仅为学校赢得了大量荣誉，也为学生在业界的未来发展打下了良好基础。

（五）跨院校协同创新培养模式

与国内名校联合培养广播电视编导人才，派送学生赴国内名校培训班进行交流学习。同时与国外高校开展联合培养计划，选派部分学生接受“2＋2”或“1＋2＋1”模式的国际化培养，即安排学生第一、二学年在本校学习，第三、四学年到国外高校学习，或者第一学年在本校学习，第二、三学年到国外高校学习，第四学年回到本校学习。在多年与美国匹兹堡州立大学等国外高校进行“2＋2”联合培养经验的基础上，总结中外联合培养广播电视编导人才的经验。

五、结语

近年来，随着传媒技术和传媒产业的迅猛发展，广电网、电信网、互联网“三网”融合的不断增强，为传统传媒产业带来了巨大而深刻的变革，媒体融合正在成为传媒产业发展的一种必然趋势。“要坚持一体化发展方向，加快从相加阶段迈向相融阶段，通过流程优化、平台再造，实现各种媒介资源、生产要素有效整合，实现信息内容、技术应用、平台终端、管理手段共融互通，催化融合质变，放大一体效能，打造一批具有强大影响力、竞争力的新型主流媒体”[4]，传媒发展的新态势，对广播电视编导人才的培养提出了新要求。努力培养传媒业未来发展所需的全媒体、复合型、应用型和创新型的影视人才是高校编导教育义不容辞的责任。为此，高校需要建设“三跨”兼“双师”型的师资队伍，构建宽口径、厚基础、跨媒体、精专业的课程体系，组建多功能、跨媒体、可融合、全覆盖的实践教学体系，坚持“大传播、全媒体”理念，遵循“目标性、系统性、协调性”原则，制定切实可行的实践培养方法与手段，践行“协同创新”的人才培养模式，只有这样，才能适应媒体融合时代的发展需求。

参考文献：

[1] 人民日报社．融合元年——中国媒体融合发展年度报告［M］．北京：人民日报出版社，2015：2.

[2] 人民网．http://media.people.com.cn/GB/22114/387950/.

[3] 习近平．推动媒体融合向纵深发展　巩固全党全国人民共同思想基础［N］．人民日报，2019－01－26（1）.

[4] 习近平．加快推动媒体融合发展　构建全媒体传播格局［J］．求是，2019（6）.

第二部分

教学实践

Part2

基于“金课”导向的项目式学习（PBL）教学模式探究

方　涛　赵晴凌

四川师范大学计算机科学学院

摘　要：“金课”是提高本科教育和人才培养质量的核心要素和根本要求，项目式学习（PBL）教学模式在完成课程的挑战度、创新性和转变教学方式、促进学生自主学习等方面，可以达成“金课”的课程要求。在“大学计算机基础”公共必修课程中，引入项目式学习（PBL）教学模式重构教学内容和评价方式，为打造“金课”提供了有价值的教学模式参考。

关键词：金课；项目式学习（PBL）；高阶性；创造性

基金项目：本文系四川省2018—2020年高等教育人才培养质量和教学改革项目“互联网+PBL的创新学习模式在大学计算机基础实践课堂中的有效性研究”（编号：14qn14）的阶段研究成果。

改革开放以来，我国高等教育经历了从奠基、改革、大众化至内涵式发展波澜壮阔的四十年历程，虽然在规模、质量、公平和国际影响等方面取得了历史性成就，但依然面临发展失衡和大而不强的问题[1]，特别是近二十年，在高等教育完成规模扩张后，内涵发展一直是高等教育关注的热门话题。传统的“以教材为中心、以课堂为中心、以教师为中心”的教育模式已成为制约我国本科教育质量进一步提高的瓶颈。2018年以来，教育部举办多次会议，指出要打造“金课”、淘汰“水课”，切实提高课程教学质量，明确提出课程是教育最微观、最普通的问题，但它要解决的却是教育中最根本的问题——培养人[2]。因此，打造“金课”，就必须考虑到新时代大学生的现实变化，遵循学生角色变化的实际，突出“学生学习”为中心的教育教学观[3]。项目式学习（PBL）教学模式作为一种以学生为主体，以学生的创新能力、团队合作和沟通能力为基础，培养学生创新思维的课程教学模式，为打造本科专业的“金课”提供了有效、可借鉴的操作模式。

一、“金课”的内涵探究

“金课”是对本科教学中含金量较高课程的称呼，具有高阶性、创新性和挑战度的特点[2]。因此，“金课”首先针对课程本身的质量而言，它与教师的教学素养直接相关，但归根结底体现在教师“智慧地教”与学生“快乐、主动地学”这种积极互动的状态上。

（一）课堂教学为主阵地

课程建设是提升高等教育质量的核心环节。但是，目前本科教学的课程是中国大学普遍存在的短板、瓶颈、软肋，是一个关键问题；课程是体现“以学生发展为中心”理念的“最后一公里”[2]。因此，现代的课堂教学更加注重学生的主体地位，更关心师生间的交流、对话，更注重培养学生的创新思维、逻辑思维和分析问题、解决问题的能力。同时，随着信息技术的发展，知识的传播、获取和利用对课堂教学产生了巨大的影响，教与学的变革目标更加明确、路径更加清晰——课堂的主体学生是否能有效参与不断发展、演化的“教”与“学”。

（二）学生发展为中心

随着社会信息化、经济全球化和文化多元化的发展，全球都非常注重学生核心素养的培养，以适应未来社会的发展和变化。形成独立的人格和批判的思维能力，是最重要的目标之一。学生的发展是在交往和对话中不断生成、发展和创新的。因此，课程内容的前沿性和时代性，教学形式的先进性和互动性，学习结果的探究性和个性化，都是我们培养创新、批判性人才的关键着力点。

（三）保障是基础

中国的“金课”建设提出了政策、组织、机制、评价、经费五大保障，归根结底，所有的保障都应该建立在“以人才培养为根本目的”的评价体系之上，需要把学校的资源、教师的精力聚焦到教学上，让教师能够安心教学、潜心育人。只有建立了合理的评价体系、激励机制和制度保障，课堂教学改革才能获得应有的尊严和保障，“金课”才能真正落地。

二、项目式学习（PBL）教学模式的特点

项目式学习（Project-based Learning）教学模式是通过对项目的探究来组织学习内容的教育理念，强调以学习者为主导的探究学习。其中，利用项目任务驱动，促使学生从知识掌握到行动学习，是PBL项目式学习的关键环节，其要点包括以下几个方面。

（一）师生角色的转换

项目式学习（PBL）教学模式是一个以学生为中心、以探究为基础的教学过程。教学过程中，教师必须致力于将内容和技能融合起来，学生必须将全部精力投入项目中主动学习才能完成教学任务。基于此，在开展项目式学习（PBL）教学的过程中，教师应引导学生积极探究，让学生利用已有的信息技术去获取完成项目任务所需的知识与信息，由此培养学生的信息检索、逻辑思

考、反思判断等能力。同时，教师也从学习资源的提供者变成学习资源的选择者和组织者，从知识的传授者变成学生个体学习问题的协助帮助者，对教师的教学能力和综合素养提出了更高的要求。

（二）学习过程的创新性和挑战性

项目式学习（PBL）教学模式最大的特点是强调营造一个真实且切身探索的学习历程，通过鼓励学生动手实做，解决生活情境中具有挑战性的问题，创新的关键在于创造性思考。项目式学习（PBL）教学模式为学生提供的便是解决真实问题的机会，在真实情景中设计项目问题，提出解决问题的方案，并完成作品，在整个过程中关注基础知识的理解和应用，并在此基础上进行创造。

（三）学科融合和合作探究

项目式学习（PBL）教学过程中，通常在解决现实问题的过程中会涉及应用多个专业领域的相关知识，因此，学习过程中的学科交叉和内容分享更能促进学生对学科知识的深度理解。教师在教学过程中需要充分调动学生运用先前所学知识，积极进行跨学科知识和技能的学习，提升学生的综合能力。同时，由于整个过程没有标准答案，整个项目研究过程充满着不确定性和挑战性，所以需要学生的友好合作和共同努力，才能在探究过程中解决不断出现的各种问题。

（四）注重项目的探究过程

项目式学习（PBL）教学过程中，非常关注学生在整个研究中的探究过程：是否具备利用现代化的信息技术手段获取、筛选、整合信息的能力；是否主动地与课堂之外的教师、专家交流，寻求意见；是否有效地利用平台开展研究；实践过程中，是否对探究的错误不断反复思考和修订。完成项目后，学生通过制作海报宣传或策划专题展览，对项目成果进行汇报展示或分享，以培养策划能力、组织能力、总结能力和表达能力等。

（五）注重学生的评价和反思过程

项目式学习（PBL）教学成果需要对外公开展示或应用于真实的情境中，学习成果的评价不仅要有最后作品的评价，还应包含项目团队、学生个人和探究过程的评价。项目式学习（PBL）教学通过全面评价，来促进学生多方的思考和全面的发展。“以终为始”是项目式学习（PBL）教学模式的一个重要原则，因此，项目式学习（PBL）教学的最终目的不是评价，而是通过多元评价的方式，让学生从多个视角发现学习过程中的问题，并通过持续改进与完善得到更好的产品，即“以评价促改进”[4]。

三、“金课”导向的项目式学习（PBL）教学模式的探索

在本科教育中通常会开设一些必修公共基础课，这些课程既然是本科教育中的必修基础课，说明课程本身是适应学生的发展需求的。但是，这些公共基础课面对的学生基数大，课程如果难度低、淘汰率低，就很容易变成“水课”。“金课”与“水课”之间不是截然的对立，差别是教师、学生和课堂之间的模式——从教师到学生，从内容到形式，从教学到评价，从线上和线下，都有特定的要求和教学模式的根本转变。

寻求恰当、有效的课程教学模式建设“金课”，成为高等院校提高教学质量迫切需要解决的问题。项目式学习（PBL）教学模式可以很好地克服传统教学模式的弊病，让学生在结合专业的课程实践中完成“做中学，学中做”。因此，本文以“大学计算机基础”课程为例，以“金课”标准为导向，以项目式学习（PBL）教学模式为基础，以一种全新的视角和方式展开课程教

学模式的探索。

（一）重构“教学内容”

目前，大部分高校对于“大学计算机基础”课程内容的开设一般基于三个模块：第一，基础篇，主要立足计算机软硬件的基础知识；第二，现代办公平台篇，主要立足办公软件的学习；第三，提高篇，针对高校不同的学生情况，开设如数据库、多媒体等专业需求不同的课程。传统的教学中，在有限的时间内，教师授课内容多，课堂时间尽量地“讲清楚，说明白”，学生“迷茫听”后“被动作业”，考试成绩是最终目标，一门必修课程就这样演变成“水课”，失去了课程“必修”对学生全面发展的意义。

如何重构教学内容，让“水课”变成学生“愿意学”“主动学”的“金课”呢？

第一，创建项目是“前提”。“金课”的创新性非常关注课程内容的前沿性和时代性，教学形式的先进性和互动性，学习结果的探究性和个性化。项目式学习（PBL）教学模式自身就非常关注问题情境，教学内容如果能够关注头条新闻、热门话题或地区话题，同时融入学生生活、学科要求，解决生活中有意义的问题，才能真正调动学生参与的主动性。在“大学计算机基础”课堂教学实践中，研究者针对教学对象是教育学专业的学生，选择探究项目——教案设计“一片银杏叶的旅行”，为三、四年级的学生设计探究银杏叶生长过程的观察笔记本。项目过程设计融入三个模块的教学内容，落实到项目的每个阶段：前期的问卷调查，完成了数据处理软件的学习；中期探究手册的设计，融入文字、图片等图文工具；后期的汇报表演，不仅需要制作得体的演示文稿，还需要分组进行真实的汇报，回答同学的提问。每个阶段都没有固定的标准和答案，探究结果个性化，学习过程是不断地思考、碰撞和相互合作的动态探究过程。

第二，教学任务的分化设计是“重点”。在项目式学习

（PBL）教学的整个过程中，需要调动学生的主动性，小组协作和配合，教学内容的分化必须有效、合理。“金课”要求课程一定要有难度和挑战度，需要教师和学生跳一跳才能够得着。任务分化过程是教师教学经验和智慧的挑战，太难，学生容易放弃；太简单，学生没有兴趣。有效合理的任务分化，学生才愿意跳。例如，教师在进行“大学计算机基础”的教学过程中，对于Word软件的学习，把学习任务分成几十个小任务，匹配不同层级和难度的内容，提供对应的微课，让每个学生根据自己的需求选择性地独立学习。对于不懂的问题，小组成员共同学习、讨论、总结。教师通过雨课堂、智慧树等平台收集小组的问题，课堂教学中和学生一起共同解决问题，同时，提出新的问题引导学生进一步思考，“雨课堂”设计教学任务如图 1、图 2、图 3 所示。因此，在项目的探究学习过程中，学习活动并不是以固定的方式聚焦学习内容，而是根据教学目标难度层次的不同动态地进行设计[5]。

图 1　拆分单元学习任务

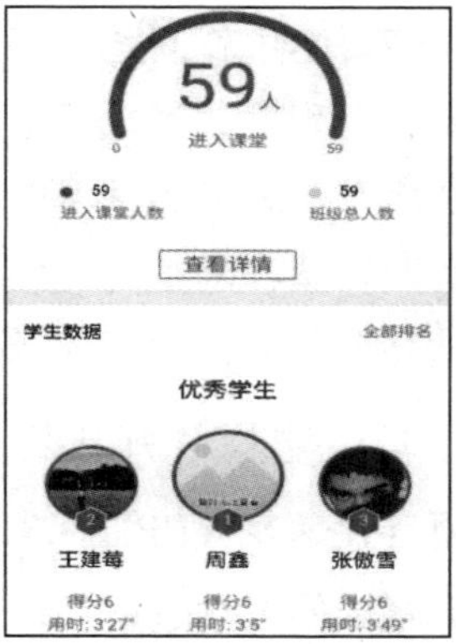

图 2　学生课堂学习数据

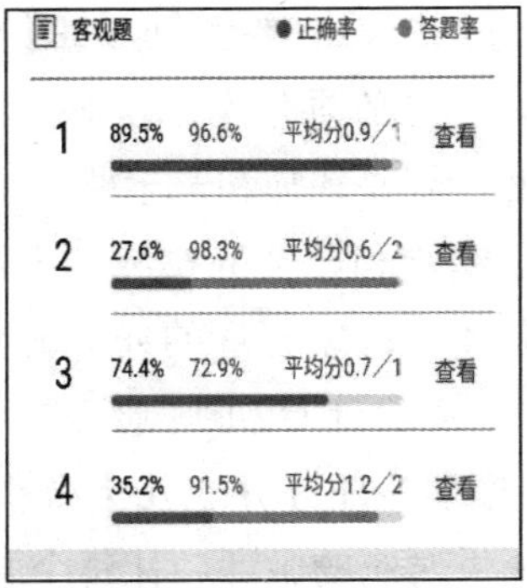

图 3　学生课堂作业数据反馈

第三，多学科融合是“助力”。“金课”的高阶性中明确提出培养学生解决问题的综合能力和高级思维能力。在教学教案设计“一片银杏叶的旅行”中，学生不仅可以从校园银杏树历史、文化的角度探索，而且可以从所学习的建筑群中认识园林设计，从植物学、美术学、建筑学、艺术学等领域挖掘并设计问题，创造性地把学习和现实世界相联系，重新塑造了学习方式的思维。探究过程需要学生就问题不停地改变、修订和更正，整个过程会像科学家、工程师、数学家、技术专家等一样查阅资料和补充学习，从而重塑思考和学习能力。而“大学计算机基础”作为必需的公共课，课程的工具性特点融入项目的每一部分，如查资料、收集和分析数据、制作导学手册、汇报表演、作项目报告等。

（二）重构“师生”和“生生”关系

项目式学习（PBL）教学的过程，是一个以学生为中心、以探究为基础的教学过程。针对具体项目或问题，学生已经通过课前学习完成了对基本概念和理论的学习，课堂时间里，更多的是寻求老师和同学的帮助。教师既要为学生设计教学环境，对学生的学习提出要求，同时还要有时间和精力去帮助学生解决问题。这对教师而言是非常大的挑战。尤其大班教学，教师必须重新审视和定义教学过程中的“师生”和“生生”关系，找到突破口，否则很容易走入教学的困境。

同时，随着互联网技术的发展，项目式学习课程中，越来越多的学习过程是无法在教室或校园内实施或进行的，故教师可以利用网络资源（网络视频、文本、音频等）、平台（智慧树、超星、雨课堂等）、社区、博物馆等构建多维学习资源空间，创设自我学习环境。学生是项目的参与者、实践者和创造者，因此，教师在大班项目式学习（PBL）教学中，可以充分利用互联网技术创设学习空间，当学生遇到问题时，引导学生首先尝试自己解决问题，然后充分发挥小组的合作学习和“生生”学习的功能，尝试共同解决问题，课堂上才能有更多的时间和精力去解决大家普遍存在的问题。项目式学习的课堂环境如图 4、图 5、图 6、图 7 所示。

图 4 小组示范讲解

图 5 分组交流讨论

图 6 小组成员示范，共同交流

图 7 教师提问，小组讨论交流

因此在项目式学习（PBL）教学中，教师需要转换角色，从知识传授者走向“学生问题的协助者和帮助者”，从学习资源的创建者走向“学习资源的选择者和组织者”，从学习问题的解答者走向“解决问题的思路和对策的引导者”。教学不仅发生在“师生”间，也贯穿于同伴的交流。特别是互联网技术下，来自网络中全球的专家、兴趣爱好者都是可以寻求帮助的对象。

（三）重构“教学评价”

“大学计算机基础”作为大学的基础教育必修课程，在专业学习中的“工具”功能显得特别重要，各种专业学习几乎都离不开计算机的协助。在计算机基础的教学过程中，结合项目式学习（PBL）教学的思想，设计符合教学需求并与学生专业融合的探究项目，在课堂实践环节中促使学生有效地学，教师有效地教。

项目式学习（PBL）教学过程中，如何解决学生不参与、不发言、不评价，只有优秀学生成为小组学习的代言人的问题？合理的教学评价体系是课程教学的落实点。教学实践探究过程中，教案设计“一片银杏叶的旅行”需要结合学生的专业需求，融入“大学计算机基础”课程的标准要求，联系生活中需要解决的实际问题。另外，对实践模型进行有效性分析，需要前期数据的收集、量化和分析。因此，每个阶段的数据量化和分析都直接影响着模型的合理性和可持续性。项目式学习（PBL）教学评价关注的是探究过程中不断地思考、修正，持续地改进问题的过程，而不是最终的结果。不同的项目阶段，小组成员需要承担不同的角色和任务。阶段化的评价包含“个人评价”“小组评价”“阶段评价”，参与评价的对象有个人、小组成员、小组间、教师。过程性的评价可增加学生通过努力学习而获得的成就感，同时，学生的课程评价也可为教师的教学决策提供建议和依据（如图 8 所示）。

图 8　学生参与课程评价的部分截图

（四）课程融入“立德树人”

“金课”建设中，需要大家共同建设有温度的国情思政大课。这种温度，需要建立在对自己民族、文化的自信基础上，才能有持续的生命力。项目式学习（PBL）教学要解决生活中的问题，这些问题的落脚点都离不开本土文化和民族文化。在我们的项目实践中，学生的作品反映出他们对于项目本身的理解、思考和文化认知，每一个作品都包含着学生对文化的思考和理解，这份坚持和热爱蕴藏的独特价值就是课程的温度。

四、结语

通过项目式学习（PBL）教学模式，为“大学计算机基础”这样的大学必修公共课打造出有挑战性、创新性和高阶性的“金课”是可以实现的，项目式学习（PBL）教学模式可以为大学必修公共课程建设“金课”提供一条可尝试的路径。

当然，项目式学习（PBL）教学模式设计周期长，对教师的综合素养要求高，这都会在一定程度上给教学带来极大的挑战和困境。目前，“互联网+”时代正在发生一场信息技术对传统学校教育的改革和重构，基于“互联网+PBL”的教学模式，将为“金课”建设带来新路。

参考文献：

[1] 吴愈晓，杜思佳. 改革开放四十年来的中国高等教育发展［J］. 社会发展研究，2018，17（2）：5－25.

[2] 吴岩. 建设中国“金课”［J］. 中国大学教育，2018（12）：4－9.

[3] 中国高等教育学会专题研究组. 走向 2030：中国高等教育现代化建设之路［J］. 中国高教研究，2017（5）：1－14.

[4] 董燕，何静宇. PBL 项目式学习在大学教学中的应用探索［J］. 现代教育技术，2019，9（29）：53－58.

[5] 崔佳，宋耀武. “金课”的教学设计原则探究［J］. 中国高等教育，2019（5）：46－48.

“金课”标准下高校游泳课程教学设计的探讨
——以四川师范大学体育学院游泳课程为例

王 波

四川师范大学体育学院

摘 要：本研究旨在“金课”标准下，结合自身教学经历并以四川师范大学为例，探讨如何设计游泳教学课程。以50名大一学生为样本，随机分为传统班和金课班，按照传统授课方式和“金课”标准下的翻转课堂授课方式进行，采用学情对比以及期末考核学生100米蛙泳成绩和技术能力水平的形式比较两种教学模式。结果表明：①传统班学生在学习的过程中，能在较短时间内熟悉水性，并按照教师要求掌握蛙泳的技术动作要领，金课班学生在熟悉水性方面花费较长时间，推迟了技术动作的学习阶段，但学生的纠错能力明显提升，学生掌握技术动作的能力较强；②金课班期末考核的平均成绩优于传统班，成绩最好和最差的学生均出现在金课班中，传统班与金课班学生的期末考核成绩之间具有显著性差异（$P<0.05$）；（3）金课班学生蛙泳技术能力水平的优秀率为84%，传统班学生蛙泳技术能力水平的优秀率为52%，金课班显著高于传统班（$P>0.05$）。未来应以教师教为主导，以学生学为中心，教学设计应以慕课为基础，以学生分组讨论及练习为主，将课堂交由学生自主完成。

关键词：金课；游泳课程；教学设计

一、研究背景

游泳课程是体育院系学生的必修课，是生存技能之一，是运动训练学、学校体育学、运动生理学、运动解剖学、运动生物力学、运动心理学、运动医学、教育学等课程的实践课。游泳具有普及性、大众性，在各种锻炼方式中占据举足轻重的地位，是体育院校培养游泳教员及救护人才的重要课程。

2018 年 6 月 21 日，教育部部长陈宝生在新时代全国高等学校本科教育工作会议上第一次提出，对大学生要有效“增负”，要提升大学生的学业挑战度，合理增加课程难度，拓展课程深度，把“水课”转变成有深度、有难度、有挑战度的“金课”。同年 8 月，教育部专门印发了《关于狠抓新时代全国高等学校本科教育工作会议精神落实的通知》(教高函〔2018〕8 号)，提出“各高校要全面梳理各门课程的教学内容，淘汰‘水课’、打造‘金课’，合理提升学业挑战度、增加课程难度、拓展课程深度，切实提高课程教学质量”。整顿高等学校的教学秩序，“淘汰‘水课’、打造‘金课’”首次写入教育部的文件。

2019 年 6 月，四川师范大学开展了 2019 年青年讲师暨学科教学论教师教学能力提升的培训，来自全国的教育教学专家对“金课”标准及必要性做出了相应的诠释，并指出“金课”的特点和要求就是“两性一度”。然而在体育课程实践中，打造“金课”，颠覆传统体育教学模式，重新设计以学生问题与需求为导向，以学生参与为手段，以教师组织、指导、点评为引导进行线上线下混合式教学模式。课程的整体上发生了根本变化，拓展了教学内容，增大了教学难度，这就要求有更高级、更合理的教学设计作为支撑。

传统的游泳课程中，学生被动学习较为突出，学生在课上及课后对游泳知识的探讨较少，学习的积极性较低。如何提高学生学习的积极性，学习更高目标的游泳知识和技能，在“金课”标准下如何设计好游泳课程，是每个游泳教师面临的问题。下面笔者以四川师范大学体育学院为例，以十多年的教学经历作为参考，探讨在“金课”标准下如何设计游泳教学课程，为“金课”目标下游泳课程教学设计提供参考依据。

二、研究对象与方法

（一）研究对象

本文的研究对象是四川师范大学体育学院大一学生，随机抽取大一学生 50 人作为试验对象，通过教学实验与实践，最后以学生学情对比并结合学生期末 100 米蛙泳考核成绩的形式得出教学设计的优选方案。

（二）研究方法

文献资料法、实验法、数理统计法。

三、实验设计

随机抽取 2 个班，分为传统班和金课班，按照传统授课方式和“金课”标准下的翻转课堂授课方式分别进行授课，比较每节课的上课情况及学生学习情况，找出出现问题的原因，从而设计出更优越的教学设计方案。

（一）实验对象

随机抽取四川师范大学体育学院大一学生 50 人，随机分成传统班与金课班，每个班 25 人。

（二）实验时间

传统班与金课班依据教学计划完成 32 学时的课程安排。

（三）实验方法

1. 传统班学习流程

按照传统教学模式进行 32 学时蛙泳教学，按照“理论学习—熟悉水性—蛙泳腿教学—蛙泳腿和呼吸的配合教学—蛙泳臂教学—蛙泳臂与呼吸的配合教学—蛙泳腿和蛙泳臂的配合教学—蛙泳完整动作教学—考核”的顺序教学。组织形式是教师做模仿练习，学生跟做，由陆上练习开始过渡到池边练习，再过渡到水中练习。

2. 金课班学习流程

学生利用手机在线上完成慕课及作业，将传统的教学内容通过慕课的形式传授给学生，线下学生通过慕课的要求自主学习内容，并展开讨论，以分组的形式相互进行视频拍摄，并制作微课，教师通过各组制作的微课进行讲解及总结；组织形式是将学生分成 5 组，每组 5 人，在完成一次或两次课后，将游泳较好的学生再平均分给每组，每个学习单元后教师进行总结与讲评，最后参与同传统班一样的考核。

（四）实验结果

1. 传统班与金课班学生学情对比

教师根据教学大纲，设计教学单元计划，指定传统班学生进行教学内容的学习。在学习的过程中，学生基本按照教学计划完成自己的学业，由于是被动学习，学生的“怕水”心理得到了被动式干预，能在较短时间内熟悉水性，并基本能按照教师的要求掌握蛙泳的技术动作要领。

金课班采用了自主学习，由于没有进行被动式干预，在熟悉水性方面花费了较长时间，推迟了技术动作的学习阶段，但学生的纠错能力明显提升，能发现自身及其他同学的错误动作并采取合理的改进措施，间接提升掌握技术动作的能力。在此基础之上，还增加了学生课后进行游泳练习的积极性，使得学习进度在教学计划后期得到快速的提升，也能按时完成教学计划。

2. 传统班与金课班学生考核成绩对比

在完成所有学习计划后进行了期末考核。表 1 列出了传统班与金课班学生平均期末考核成绩、最好成绩和最差成绩的对比情况。表 1 显示，金课班期末考核的平均成绩优于传统班，且成绩最好的学生也出现在金课班中。值得注意的是，成绩最差的学生也出现在金课班中。

表 1　传统班与金课班学生考核成绩对比

组别	人数	$\overline{X}\pm SD$（s）	最小值（s）	最大值（s）
传统班	25	185.7±12.3	150.6	215.2
金课班	25	176.9±17.6	144.1	245.2

期末考核结束后，对传统班与金课班学生的考核成绩进行对比，表 2 显示，传统班与金课班学生的期末考核成绩之间具有显著性差异（$P<0.05$）。

表 2　传统班与金课班学生考核成绩对比

组别	$\overline{X}\pm SD$（s）	T 值	P
传统班	185.7±12.3	2.068	0.044
金课班	176.9±17.6		

3. 传统班与金课班学生技术能力水平对比

期末考核时，教师对传统班与金课班的学生进行技术能力水平测评。考核结果如图 1 所示，金课班学生蛙泳技术能力水平的优秀率为 84%，传统班学生蛙泳技术能力水平的优秀率为 52%，金课班显著高于传统班（$P>0.05$）。

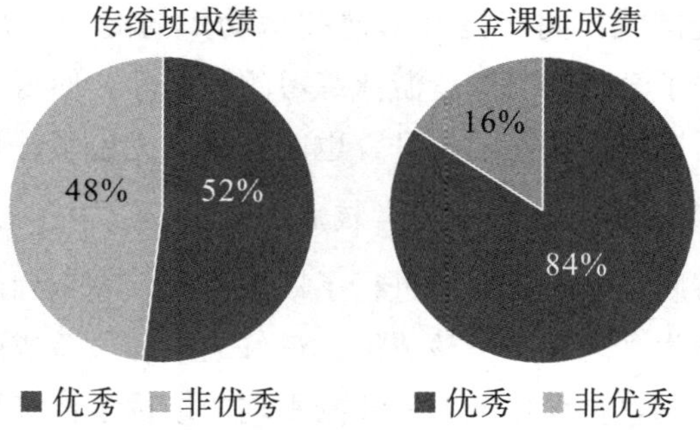

图1　考核结果

四、研究结果与分析

通过对传统班和金课班的实验数据进行对比，以及查阅文献资料等，发现在“金课”标准下要设计出最佳的教学方案，就要根据“金课”的特点及要求来进行课程的设计。经分析得出，要提高游泳教学设计，应该从以下几个方面进行改进。

（一）以慕课为基础，提高课程的高阶性

慕课是教师课前准备的在线课程，是通过“学习通”等互联网平台使学生用手机作为上课工具进行教学的一种方式。教师主导教学的进程，以学生自主学习为中心，从思维方式、学习习惯进行改变，将课堂的基础知识及知识的拓展以问题的方式对学生进行引导，学生通过实践和讨论来寻找解决问题的方法及有效手段，从而达到学习课程的目的。体育课程不同于其他课程，是用身体语言来表达对知识的理解程度，在教学设计中以学生自身的实践为基础，以运动能力及技术动作为核心，强化游泳课程的高阶性。

1. 慕课的设计应该强调技术动作的准确性和知识的拓展性

游泳技术动作的准确性是关乎游泳学习的关键，强调技术动作的要领和方法是慕课的基本内容。在学习的过程中，可针对技

术动作的要领，展开讨论，以获取知识的拓展能力。在直观教学及技术分解动作中，教学设计不仅要有完整技术动作要领，还要有错误技术动作产生的原因及解决办法，让学生能拓宽游泳技术知识，完成对技术动作要领的认知深度，更好地深化自身游泳技术水平。因此，教学设计应强调技术动作的准确性和知识的拓展性。

2. 慕课的设计应遵循循序渐进的原则

游泳学习不可能一蹴而就，教学过程应该遵循循序渐进的原则。在教学设计上，应由易到难、由简到繁、逐步提高，才能完成课程目标。在设计过程中，同一动作，展开不同的组织形式、不同的教学手段或者利用辅助工具进行练习的方法，都应该遵循循序渐进的原则。

3. 慕课的设计应综合考虑各层次学生学习的阶段性

同一堂慕课，可能有的学生学习得很快，很容易就能理解游泳的技术动作要领，而有的学生在实践过程中需要运动时间及运动量的积累才能感受到技术动作的规范性。因此，在设计上，要区别对待，综合考虑各层次学生学习的有效性，有针对性地对学生进行多方位的有效干预。

（二）以学生为主进行分组讨论与练习，提高学生主动参与的积极性和教学方法的创新性

游泳教学设计要以学生分组讨论与练习为主导，以提高学生教学方法的创新为主线进行设计，这对学生学习的积极性、教学方法的创新性、技术动作的标准性和教学能力的延伸性都起着关键的作用。

1. 有利于提高学生的学习兴趣

将学生进行分组，在学习了慕课的基础上，学生对学生进行指导和练习，同时在相互帮助下进行微课视频制作，以提高学生

主动学习的积极性和趣味性。同时，在相互指导的过程中采用自主的教学方法和教学手段，将课堂交给学生，在完成教学任务的前提下，学生主动学习的兴趣会倍增，会有创造性的收获。

2. 有利于提高学生游泳教员的能力

体育学院培养的学生，不仅自身具有游泳技术的基础，还要具备游泳教员的能力。在传授他人游泳技术动作的同时，能准确把握其存在的问题，在自身学习的过程中，对教学过程、教学经验的总结和教学目标的实施都有切身的体会，从而总结出属于自身的教学特点和教学能力，这是成为初级游泳教员的基础。在分组讨论与练习的同时，学生对产生错误动作的原因进行分析与辩论，探索出解决问题的能力，实际上也是游泳教学能力提高的重要指标。

3. 有利于教学方法的创新

学生在传授其他学生技术动作的过程中能学会独立思考，在指导技术动作中反思教学方法的改进，这是提高学生教学能力的有效办法。通过对比教学方法，无论是在组织形式上还是在教学手段上都会产生创新思维，从而丰富教学设计。

4. 有利于错误动作的纠正

分组练习利用手机进行技术动作的摄影，能直观发现动作的缺陷，对改进技术动作有深远的意义。在传统教学中，教师对整个班级的学生多数时间进行的是集体纠错，对部分学生进行个别纠错，无论从时间上还是效果上都不及学生自主针对自身技术动作进行纠错来得更直观、更全面。学生在分组的过程中，相互间的纠错能力不仅能帮助其他学生完成技术动作的升华，而且在此过程中自身也学习了如何纠错，对提高动作技术能力有显著的促进作用。

（三）以竞赛为考核标准，提高其学习的挑战度

游泳课程考核分为技术评定考核和教学能力考核，在技术评定考核中采用竞赛办法进行考核，不仅能提高学生的技术能力水平，而且能促使其学习能力的培养，提高其学习的认知度。适当增加考核难度，可使学生在竞争中提出问题、分析问题和解决问题，从而提高学生的教学能力。

1. 提高自主练习的运动强度和运动量

金课班在教学过程中，以学生自主学习为主，练习过程中没有教师的被动干预。此外，在自主练习的过程中，学生能发现自身以及其他同学错误的技术动作并相互探讨合理的改进措施，这一过程间接提升了学生掌握技术动作的能力，并提升了学生练习游泳的积极性。这不仅培养了学生练习游泳的兴趣，也有助于学生积极参与课后的练习，进而提高学生自主练习的运动强度和运动量。

2. 提高游泳的技术能力水平

在期末考核时，教师会对学生的技术水平进行相应的考核，传统班学生蛙泳技术能力水平的优秀率为52%，金课班学生蛙泳技术能力水平的优秀率为84%，且金课班的优秀率显著高于传统班的优秀率（$P>0.05$）。这说明在金课班的教学模式下，学生能更为全面地掌握蛙泳的技术动作。

五、结论

通过对在“金课”标准下游泳教学设计的分析与探讨，结合以教学实验及理论研究为基础的总结，笔者认为，以教师“教”为主导，以学生“学”为中心，结合慕课进行线上线下混合式教学模式，是今后游泳教学改革的必然趋势。在此背景下，教学设计就显得尤为重要。游泳教学设计应以教师主导下的慕课为基

础，以学生分组讨论及练习为主线，翻转课堂，将课堂交由学生自主完成。游泳教学设计中，将传统的知识点及教学顺序用慕课的形式通过互联网传授给学生，并附之以作业与辩论，可拓展学生游泳课程的高阶性；以学生分组讨论练习并制作微课为代表的学习模式，可提高课程的创新性；以竞赛为主的考核手段及教学，能增加学生学习的挑战度。根据“金课”的特点与要求，设计出整体教学计划，再通过教学计划设计出每节课的教学方案，打破传统的教学模式，建立创新型教学设计服务于游泳课程。

参考文献：

［1］陈传洪，周威．大学羽毛球“慕课＋翻转课堂”教学模式的构建与应用［J］．体育学刊，2017，24（5）：98－101.

［2］刘占鲁，冯嘉诚，余佳俊，等．慕课融入运动教育模式课堂教学的研究［J］．广州体育学院学报，2019，39（4）：110－112.

［3］于洪波，连洋，曲晶，等．慕课＋翻转课堂的模式在高校体育教学的应用研究［J］．运动，2018（7）：91－92，86.

［4］温宇红，田麦久．中美高水平游泳队个性化训练的外部条件及组织形式［J］．北京体育大学学报，2007（7）：976－978.

［5］闫永兰．“多元反馈教学法”在高校游泳普修课中的应用研究［J］．当代体育科技，2016，6（4）：8，134.

高校思想政治理论课线上线下混合式教学模式改革思考

——以“中国近现代史纲要”课程为例

黄雪垠　钟玲玲

四川师范大学马克思主义学院

摘　要：随着互联网与新媒体的高速发展，高校思想政治理论课也开辟了新的教学模式。线上线下混合式教学模式突破传统的单一面授课堂，增强了学生上课的积极性。本文以“中国近现代史纲要”课程为例，引入“雨课堂”的教学理念，从线上线下混合式教学模式的内涵出发，分析具体实施过程，提出改革建议。基于实际情况，对线上线下混合式教学模式改革进行了思考与探索。

关键词：线上线下；混合式教学模式；雨课堂

高校思想政治理论课是传播马克思主义理论与社会主义的主场地，是大学生塑造世界观、人生观、价值观的重要课程。由于思想政治理论课的内容枯燥、较理论化，传统的课堂教学又以单一灌输式讲授为主，导致该课程长年抬头率低、学生学习的积极性不高。习近平总书记在全国高校思想政治工作会议上指出，高校思想政治教育教学工作要用好课堂教学这一主渠道，并坚持在改革中创新。如何在教学中创新，改变思想政治理论课枯燥无味的现状，是亟待解决的问题。

随着多媒体技术和互联网的普及，各种新型的教学模式也纷纷出现。翻转课堂、雨课堂、在线慕课以及各种各样的辅助学习APP登上学习的舞台，逐步形成了线上线下混合式教学模式。这种模式结合了线上教学与线下教学的优点，以生动有趣的课堂教学方式上课，深受广大学生的喜爱。本文以“中国近现代史纲要”课程为例，运用“雨课堂”教学，通过一学期的实践，对线上线下混合式教学改革有了一定的思考。

一、线上线下混合式教学模式简介

（一）线上线下混合式教学模式的内涵

线上线下混合式教学模式主要是指以师生面对面教学的课堂（线下）为主与教师通过网络平台实施教学活动（线上）相结合的新型教学模式。线上课堂教师利用网络资源，通过视频、动画、电子作业等方式，利用网络学习平台，充分调动学生自主学习的积极性。线下课堂教师通过网络数据校对，分析学生学习情况，针对重难点问题以及学生提出的疑问，在面对面课堂中进行详细讲解与巩固。在新型的教学模式中学生有更多的学习资源，新颖的教学方式也增强了学生学习的动力。

（二）线上线下混合式教学模式的特点

线上线下混合式教学模式相对于传统的单一讲授课堂主要有以下几个特点：第一，打破学习空间的限制。传统的学习几乎只在课堂中实现，课下完成作业，与教师的互动也只存在学校中。线上线下混合式教学模式打破了学习时空的限制，知识在网络世界中无所不在，学生可以更加自主地接受教学，在有网络的地方都能实现和教师交流。第二，教学资源丰富多彩。线上线下混合式教学模式能够冲破书本的束缚，教师可在网络中寻找更多的补充资源，通过学习平台传送给学生，丰富教学内容，重构学习课堂。第三，激发学生学习的互动性、积极性。线上线下混合式教学模式不再是将知识要点写在黑板上，由教师观察学生的面部表情判断学生所学的知识程度，再根据实际情况进行课程的调整。而是利用先进的教学设备和软件工具的介入，“推翻”传统的教学课堂，让学生在课外就可以完成知识的学习，课堂变成了教师与学生之间的教学互动场所。这样不仅可以激发学生的积极性，而且可以让学习变得更加具有互动性。第四，及时得到学生的反馈。线上线下混合式教学模式通过应用性的软件平台，结合线上线下的教学环境，为教师提供全面的教学反馈，教师可以快速应对学生的求知需求，提高教学效率。

二、线上线下混合式教学模式的实施与运用

笔者基于四川师范大学化学专业 1903 班、1904 班，两个班一共 117 个学生，都处于第一学年第一学期，需要学习“中国近现代史纲要”这一门课程，进行了一学期的教学实践。通过雨课堂教学平台，结合具体实际情况进行线上线下混合式教学模式的改革探索。基于雨课堂的混合式教学模式分为“课前—课中—课后”三个阶段，每个阶段利用“雨课堂”完成相应的学习任务，达到不同层次的学习效果。

（一）课前预习阶段

这一阶段主要是依靠雨课堂线上平台，以学生为主体，自主地完成预习工作。开课之初，教师引导学生进行雨课堂的注册，学生通过扫码或课堂暗号进入雨课堂，在雨课堂中根据学号快速进行分组，并建立相应的学习群。教师根据教学目标及教学内容推送预习作业至学习平台，规定学生在指定的时间内完成作业，并通过平台的后台统计了解学生的学习进度和对知识点的掌握程度。对没有完成预习作业的学生进行提醒与记录，在期末总成绩中课前预习作业占有一定比重。

教师应及时批改线上作业，了解学生学习中存在的问题。学生在预习过程中遇到不懂的问题时可在预习作业评论中提出，针对评论中提出的疑惑与作业中存在的问题，教师需及时收集，留待在课堂教学中解答。对于学生来说，线上预习作业不受时间、空间的限制，可利用闲暇时间作答。

（二）课堂教学阶段

这一阶段是以教师为主导、学生为主体的课堂教学，属于线下教学。教师针对课前预习中存在的问题给予解答，并开始新课教学。新课教学不再是传统的“导入新课、新课讲授、总结归纳”模式，而是通过在课堂中插入慕课视频、生动图片等，设置问题进行小组讨论，增加课堂的活跃性。对答对问题者教师可利用雨课堂平台在线发奖励红包，增加学生学习的动力。小组讨论结果可通过发弹幕的方式完成，教师将优秀的发言弹幕在课堂上展示给所有学生，课上所有的答题都计入期末总成绩。这种新颖的模式真正做到了学生是课堂的主角，并且也解放了教师。对于学生来说，45 分钟的课堂不再枯燥无味，不再晦涩难懂，而是充满期待。

（三）课后实践阶段

这一阶段是属于线上线下结合，“中国近现代史纲要”课程不仅仅是一门理论课程，也是一门实践课程。理论运用于实践才是这门课程真正的精华，正所谓“知行合一”便是这个道理。教师通过分组情况发布与之相应的实践活动，小组成员可采用 PPT 演讲进行集中展示。在实践活动中，部分小组采取实地参观红色记忆景点的方式，不断加深对这门课程的了解。利用 PPT 与精美视频进行展示锻炼了学生的动手能力，实践活动结束后教师也会进行相应的点评。

（四）教学效果

一学期结束后，教师可直接从雨课堂平台导出学生这学期的所有数据，计入平时分。期末时通过对实施班级的学生进行问卷调查，了解到大部分学生对线上线下混合式教学模式还是比较满意的，其统计结果见表1。由表1中数据可以看到，学生对线上线下混合式教学模式总体来说还是持满意态度，大部分学生认为这种教学模式不仅增强了自身主动学习的意识，也提高了对思想政治理论课的兴趣。同时，部分学生对线上线下混合式教学模式有少许意见，认为这种教学模式还有很多提升的空间。

表1　问卷调查统计结果

序号	项　　目	选项	样本数/比例
1	线上线下混合式教学模式对所学课程内容是否有帮助？	很有帮助	64/60.95%
		有帮助	38/36.19%
		帮助很少	2/1.9%
		没有帮助	1/0.95%
2	利用雨课堂的学习是否让你喜欢上了思想政治理论课？	喜欢	69/65.71%
		较喜欢	24/22.86%
		一般	11/10.48%
		不喜欢	1/0.95%
3	采用雨课堂教学后是否提高了你自主学习的积极性？	很有效	59/56.19%
		较有效	38/36.19%
		一般	7/6.67%
		无效	1/0.5%
4	你是否喜欢线上线下混合式教学模式下的课程教学？	喜欢	76/72.38%
		较喜欢	25/23.81%
		一般	4/3.81%
		不喜欢	0/0%

三、线上线下混合式教学模式在高校思想政治理论课教学中的现状

通过一学期的课程实践与学生的反馈，笔者发现线上线下混合式教学模式对一节完美的课堂极其重要，但现状还是不容乐观。

（一）线上线下混合式教学模式普及率低，难以广泛推广

线上线下混合式教学模式提出多年，许多教师也或多或少听说过，但在高校课堂中推广成效甚微。一是部分教师对此模式没有深刻研究，都只是听说而没有具体实践过，大多处于观望状态。线上线下混合式教学模式相比传统的面授课堂来说复杂得多，教师不仅仅在课上需要花费大量精力，课下还需要更多的时间。课下需要备课、寻找优质网络资源、监督学生平台作业的完成、在平台批改作业，大量烦琐的工作使教师不愿意投入教改工作。二是学校投入资金不足。根据笔者亲身体会，很多高校依旧采取传统的教学模式，原因是学校的硬件设施不齐全。网络差、电脑型号老旧、网络学习平台资源不丰富都会影响学生学习的自主性。学校要进行全面的线上线下混合式教学模式的改革，就需要巨大的资金支持，需要更新设备、引进各类先进技术、整合网络资源。三是教育理念没有转变。在互联网大数据的背景下，线上线下混合式教学模式无疑是最好的方式。高校思想政治理论课由于其自身的理论属性，容易出现学生不愿学、学不好，教师不愿教、教不好的困境。然而一些教师依旧沉浸在传统的教学模式中，课上单方面地讲授与灌输理论知识，让学生对思想政治理论课丧失兴趣。

（二）线上教学资源无法进行整合与共享

现在比较主流的线上线下混合式教学平台很多，如中国慕课网、雨课堂、清华教育在线、中国大学 MOOC 等。高校思政课是公共课程，相比专业课程来说缺少了许多关注。首先，网络课程种类繁多，教学平台五花八门，各大高校选择的平台也不尽一致，大量优秀资源无法及时整合与共享。其次，高校思想政治理论课讲究时效性，课程案例都需要及时更新，各大平台无法满足及时更新的要求。最后，部分优秀思想政治理论课教师还处在观望状态，没有投入对网上教学资源的研究，导致思想政治理论课网络资源无法做到优质。

（三）线下教学对学生学习的要求更高

线上线下混合式教学模式对学生的自主能力要求更高，在没有教师监管的情况下要求学生自主学习。对于自制力薄弱、不爱学习的学生来说，很难跟进教师的步伐。雨课堂教学平台也需要学生运用手机扫码进入课堂，现实课堂中许多学生扫码进入课堂后就开始利用手机玩游戏。因此，线上线下混合式教学模式对这类学生的教学效果不是很理想。

四、高校思想政治理论课线上线下混合式教学模式改革的思考与建议

（一）以学校建设为支撑，打造数字校园

（1）加强硬件设施建设，创造混合式教学的良好氛围。学校应该给教师和学生创设一个良好的线上线下学习环境，加强硬件设施建设。顺畅的数字化校园网络、先进的网络化信息设备都是线上线下混合式教学模式实施的前提保障。

（2）完善激励机制，鼓励教师投入教改工作。学校管理机制应出台相应激励机制，引导教师积极投身教改工作，营造“人人

搞课程建设，人人投身教改工作”的工作环境。

(3) 大力宣传混合式教学模式，营造良好的校园风气。在校园里，绝大部分学生对混合式教学模式了解甚少，学校应通过各种方式给学生普及新型教学理念，提高学生的能动性。可以通过主题讲座、优秀教师在线课堂等多种方式，让学生了解到新型课堂。这也减小了教师上课的压力，增强了学生的主动性。

（二）以教师为重点，塑造精品课堂

(1) 更新教育理念，增强学生主体地位。部分教师应该顺应大潮流，积极更新教育理念，创设“教师为主导，学生为主体”的教学理念。

(2) 精心设计教学课件，创设高效课堂。无论是线上还是线下教学，一堂完美的课堂都离不开教师的主导。教师应围绕教学目标，寻找优质网络资源，课堂内容不仅涉及书本知识，还应该涉及时事热点、典型案例等内容以满足不同学生的需求。能否激起学生学习的兴趣的关键在于课堂资源是否生动有趣，以及教师能否利用有限的资源激起学生学习的自主性和创造性。教师应时刻洞悉教育改革的前沿问题，创设学生感兴趣的课堂。

(3) 加强教师技能培训，确保混合式教学的有效展开。强化互联网思维，打造数字课堂。雨课堂是在移动互联网与大数据背景下，由清华大学和学堂在线共同研发的一种新型的辅助教学工具。它将先进的信息技术贯穿到整个课堂教学中，以 PPT 和微信作为基础，实现课前、课中、课后的全面互动。如何使用先进的网络平台进行上课就需要教师自身不断地培训与摸索，定时定期与高校其他教师进行交流与分享。

（三）以创新教法为落脚点，建设互动课堂

2018 年 2 月，教育部印发的《新时代高校思想政治理论课教学工作基本要求》中指出：“坚持增强获得感，促进思想政治

理论课教学有虚有实、有棱有角、有情有义、有滋有味。”创设符合时代发展的教学模式就是题中之义，也是推动高校思想政治理论课改革的重点方向。一是使用有效学习平台。雨课堂、翻转课堂等都是较好的选择，利用学习平台突破时空的限制，确保学生任何时间任何地点都能学习知识。二是合理使用通信工具。微博、微信、QQ 等通信软件可以使学生随时与教师互动，做到课上课下全畅通。三是创新教学方法。思想政治理论课的理论性决定着思想政治理论课课堂不可能平铺直叙，课上应创设教学情景、课堂讨论，利用学习平台，改变传统的教师单方面讲授的局面，建设互动课堂。课下突出实践的重要性，思想政治理论课对学生的“三观”有着至关重要的影响，教师应带领学生参观红色景点，了解红色历史，利用网络设备拍摄微视频，增强对思想政治理论课的了解。

五、结语

实践证明，运用线上线下混合式教学模式既发挥了传统教学的优势，又利用现有的网络学习平台实现了开放性在线学习与信息管理。这种模式颠覆了传统的思想政治理论课的课堂，有机结合线上线下两种方式，真正实现了“以学生为中心”的思想政治理论课程教学。同时，线上线下混合式教学模式的改革也面临着种种困境，如何优化更有针对性的改革，如何在高校中广泛推行，这条道路任重而道远。

参考文献：

［1］教育部. 新时代高校思想政治理论课教学工作基本要求［EB/OL］.［2018－04－26］. http://education.news.cn/2018-04/26/c_129859868.htm.

［2］习近平. 习近平在全国高校思想政治工作会议上强调：把思想政治工

作贯穿教育教学全过程　开创我国高等教育事业发展新局面［N］．人民日报，2016－12－09（1）．

［3］顾钰民．高校思想政治理论课改革“慕课热”以后的“冷思考”［J］．思想理论教育导刊，2016（1）：115－117，122．

［4］尹文芬．信息化背景下思政课智慧课堂构建的路径研究［J］．改革与开放，2019（14）．

［5］赵增彦．高校思政课实践教学资源多元化整合与一体化运用［J］．东北师大学报（哲学社会科学版），2013（2）：177－180．

［6］龙斌．新媒体时代高校思政课教师如何有效传播正能量［J］．红旗文稿，2015（17）：19－22．

［7］姬立玲．新媒体环境下高校思政课教学方法创新探究［J］．思想教育研究，2016（10）：82－85．

基于“雨课堂”的混合教学模式改革

——以“和声”课程为例

黄　菊

四川师范大学音乐学院

摘　要：在教育信息化背景下，高等院校亟须加快教学改革的步伐。线上结合线下的混合教学模式吸引了学者的广泛关注，也受到师生的青睐。笔者借助智慧教学工具“雨课堂”，利用在线开放课程资源，以四川师范大学音乐学院的“和声”课程为实施对象，开展混合教学模式的探索与研究，为本科音乐教育教学改革提供新的可行方式，也对“以学生为中心”的“翻转课堂”进行有效探索。

关键词：雨课堂；混合教学；和声

2018年《教育部关于加快建设高水平本科教育全面提高人才培养能力的意见》提出“围绕激发学生学习兴趣和潜能深化教学改革”，要“推动课堂教学革命”，“以学生发展为中心，通过教学改革促进学习革命，积极推广小班化教学、混合式教学、翻转课堂，大力推进智慧教室建设，构建线上线下相结合的教学模式”。这对高等学校教育的有机组成部分——课程教学具有重要的指导意义。基于此，深度融合信息技术与教学，推进“以学生为中心”的课堂教学改革，已经成为高校教学方法改革的一项共识。因此，教师利用慕课资源实施翻转课堂，并布置学生课前线上学习和组织学生课堂线下讨论的混合教学模式，成为近年来教学改革的热点。

笔者从 2017 年开始运用网络教学平台及“雨课堂”工具，对音乐专业基础课程“和声”进行教学改革，探索音乐理论课程混合教学模式应用。以此为基础，2018 年成功孵化四川师范大学校级质量工程教改项目“基于雨课堂平台的混合教学模式研究与资源建设——以“和声”课程为例”。

一、课程痛点

“和声”是一门重要的技术理论课程，覆盖专业包括音乐学、音乐表演（器乐）、音乐表演（声乐）、电脑音乐制作等。开设此课程的目的是让学生在了解和声基础理论的基础上，培养其即兴伴奏、歌曲写作的应用能力，比较侧重于技能培养。目前“和声”这门课程采用的是传统课堂教学模式，往往面临以下三大痛点：

（1）内容多、学时少。为了完成教学进度，教师在上课时要花大量的时间来讲授理论，此种大班化的“一刀切”类型授课方式很难顾及学生的差异。

（2）理论多、应用少。课堂留给学生实践的时间不够，而学生在课下练习过程中遇到问题时得不到老师及时的指导和帮助。

（3）资源少、预习难。目前，中国大学 MOOC 等国内在线平台上有关“和声”课程的资源非常有限，学生线上预习及教师开展线上教学都有困难，而传统的教学模式无法对预习环节进行有效的干预。

二、改革措施

“和声”课程的混合式教学设计分为“课前、课堂、课后”三个环节，具体如下：

（1）在课前环节，教师用“雨课堂”推送课前线上学习资源，包括在线开放课程教学视频、自制教学视频、导学课件、在线测试题、语音讲解、线上作业等；学生在限定时间内完成课前学习和作业，教师根据平台反馈的情况，对授课内容进行适当调整，完成教学设计。

（2）在课堂环节，使用“雨课堂”工具同步推送教学 PPT，在授课过程中通过观察课件标注“不懂”的情况，随时把控教学进度和学生对知识的掌握情况。设计 2～3 个问题，用平台“随机点名”或者发送全班，请学生回答，帮助学生对学过的内容加深记忆。设计互动环节，通过课堂投票或者“弹幕”方式，激发学生的思考和讨论，然后再引入新的内容。在授课过程中，针对教学重点、难点，运用教学平台的限时答题功能，设计课堂测试，对学生课堂学习效果进行评测，根据评测结果针对性进行课堂总结，并于授课结束前发布课后作业。

（3）在课后环节，学生通过“雨课堂”手机端进行复习并完成课后作业。学生以图片投稿形式上交和声写作作业，教师通过查看、批改，获知学生的知识内化程度，并进行教学反思和改进。

三、改革目标

本课程的教学改革目的是在对教学手段、教学方式、考核方式等实施改革的过程中探索更为科学、更符合信息化进程的教学模式，并紧扣本科人才培养这一核心主线，践行“以学生为中心”的新时期教育思想，以达到翻转课堂、变教为学、激发学生学习主动性的目标，具体如下：

（1）变教为学，以学为主。在课前有效地推送线上学习材料，并任务化、考核过程化。学生在课前就能了解课堂教学的大部分内容，且不再将其学习时间局限于规定的课堂教学时段内，可随时随地通过手机微信进行学习，方便且高效，并且在有监督的情况下，能够帮助学生养成良好的自学习惯。

（2）翻转课堂，有效互动。把学放在教前面，可以有效地收集每位学生课前自主学习的反馈，有利于教师了解学生的学习成效，进行有效的学情分析，在课堂上就可以有针对性地做重点讲解，以实现更好的教学效果。

（3）建设资源，填补空白。建设一批高质量的课程资源，如优质的课件、教学视频等。教学视频录制完成后，可以直接用于学校的 SOPC 平台，也可为本课程的 MOOC 建设积累素材，丰富目前比较稀缺的音乐理论类课程的在线教学资源。

四、改革成效

目前，“和声”课程的混合教学模式改革已完成完整教学轮次三轮（六学期），已自建教学视频 25 个，课前导学课件 30 个，课堂课件 30 个，在线测试题库 1 个。根据四川师范大学教务处 2019 年 11 月统计的“四川师范大学雨课堂使用数据”，“和声”课程混合教学活动数 746、全校排名第 1，学生互动数 28281、全校排名第 2，预习课件数 330、全校排名第 2，授课数 192、全校排名第 6。可以看出，开展此种类型的混合教学模式在教学实践中能够积累更多有针对性的经验。从教学过程以及最后的教学效果来看，此模式非常有利于培养学生课前自学的学习习惯，师生的互动无论在线上还是在线下也都显得更为有效和及时。具体取得的教学成效如下：

（1）学生成长。最大的收益不是成绩提高，而是调动了学生的学习积极性，激发了学生的学习兴趣，使学生“自律、合作、探索、自信”，达到“以学生发展为中心”的目标，实践从教师中心到学生中心的转移。

（2）教师发展。团队教师在教学改革的探索过程中持续充电，不断提高信息素养，提升运用现代信息技术的能力，将其与教育教学深度融合，打造优秀的混合教学教师团队。

（3）推广示范。依托本课程在本学院开展混合教学模式推广，成立信息化教学小组，打造一批精品的音乐线上课程和混合教学课程。更重要的是，加强课程宣传推广，联合各地高师音乐院校进行线上课程的共享共建。拟辐射到“即兴伴奏”“合唱指挥与组织教学”“自弹自唱”等音乐师范教育的核心课程，推动高师音乐院校本科生的师范技能培养工作。

五、结语

混合教学模式是运转个性化学习和基于能力的学习的发动机，为学生采用不同途径迈向同一目标提供了一个简便的方式，“雨课堂”也成为师生共同进步的智慧线上工具。“和声”课程的混合教学模式改革从解决本科音乐教育教学中面临的难题出发，是对“推动课堂教学革命”，“以学生发展为中心，通过教学改革促进学习革命，积极推广小班化教学、混合式教学、翻转课堂，大力推进智慧教室建设，构建线上线下相结合的教学模式”的一次成功实践；同时建设了一批优质的课程资源，不仅为本科音乐教育教学改革提供了新的可行方式，也对“以学生为中心”的“翻转课堂”进行了有效探索。

参考文献：

［1］于歆杰. 以学生为中心的教与学——利用慕课资源实施翻转课堂的实践［M］. 北京：高等教育出版社，2017.

［2］安东尼·塞尔登. 第四次教育革命［M］. 北京：机械工业出版社，2019.

［3］于歆杰. 论混合式教学的六大关系［J］. 中国大学教学，2019（5）：14－18.

［4］刘英曼. 高师音乐混合式教学模式［J］. 戏剧之家，2018（31）.

信息化驱动的泛在翻转课堂协同构建研究

李康荣

四川师范大学经济与管理学院

摘　要：在互联网基础上发展起来的信息化对教育产生了革命性的影响。信息化时代教育以互联共通、虚实结合、开放透明、资源共享为特征，体现为移动化、碎片化、个性化、社群化、社会化、数据化和去中心化。翻转课堂重新调整课堂内外时间，将学习的决定权从教师转移给学生。信息化和翻转课堂完美融合，从战略、组织、工具、资源等方面协同发展，一个“人人皆学、处处能学、时时可学”的泛在学习型社会正在建构。

关键词：信息化；泛在；翻转课堂；协同构建

互联网是迄今为止人类所看到的信息处理成本最低、速度最快、时间最短的全域基础设施，信息化是在互联网基础上发展起来的，信息化是 ICT 技术不断深化应用的过程。伴随着信息化的各种新兴技术如云计算、大数据、物联网、移动计算、人工智能的应用不断触及社会各个领域，社会整体信息化程度不断加深，信息技术对教育的革命性影响也日趋明显，整个社会正在构建网络化、数字化、个性化、终身化的教育体系，“人人皆学、处处能学、时时可学”的学习型社会正在逐步形成。

在教育信息化发展过程中，教育的在线化、移动化、数据化、社群化、去中心化正在改变整个教育行业，信息化给教育业跨越性发展带来了前所未有的机遇，与此同时，对传统教育模式、学习方式的挑战也随之而来。

一、信息化背景下的教育特征

信息化时代教育的最大特点是信息思维，以互联共通、虚实结合、开放透明、资源共享为基本特征，在教育行业体现为移动化、碎片化、个性化、社群化、社会化、数据化和去中心化。在网络社会，任何行业的业务都可以在线开展，教育行业也不例外，比如慕课、网课、在线课堂、在线辅导等，移动学习成为可能。信息爆炸时代人们能通过网络传媒了解阅读与以往相比数量更加庞大、内容更趋分散的信息，信息渠道的多源性使得知识结构碎片化、学习时间碎片化、教学资源碎片化，出现了“渠道多、无权威”“信息多、无观点”“言语多、无行动”的局面，对学生来说，可能是阅读的盛宴，也可能是感官的陷阱。信息时代是一个个性张扬的时代，人的个性能够充分展现，都能成为自主学习的人，这就需要尊重学习者的个性差异，提升学习者的主体性，培养学习者的创新意识和创新能力。社群化学习是以建立连接、群体智慧共享和知识生成为核心的开放学习，可以多点触发、移动学习，互联网使得社群化学习成为可能。信息化时代弱化了中心中介的地位，以前的教师为中心、课程为中心、教室为中心也渐行渐远。信息化时代的学习具有社会化特征，学习成为全社会的事情，政府、教师、学生、家长相互学习、共同学习成为趋势。在信息化时代，记录式学习、区块链式学习都成为可能。

总体来说，信息化教育一方面动摇了教师的权威，改变了师生的关系，颠覆了教学的模式，转变了教学的使命，再造了教学的环境，推倒了学校的围墙，改造了评价的机制；另一方面，信息化也增强了互联网教育工具和手段，使得教学具有超时空性，而工具和手段的互联互通使得教育者和被教育者地位具有相对性，联系具有直接性。

信息化时代的教育需要整合客观知识和主观经验，整合活动内容、方式和规范，搜集能提高综合能力的经验和素材，在整体背景和全域视野中形成态度和情感，最终内化为能力。信息化不仅为教育创新铺就了技术道路，更是在环境、方式与机制上构造出创新教育的信息化生态体系。知识体系间的交叉融合，充足的资源和空间，支持教师设计虚实融合的学习活动，智能媒体介入学科知识整合，使得抽象变为具体、晦涩变为鲜活，学科边界知识之间的排异和壁垒被有效弱化。跨个体群体共同参与知识的共享、凝聚和创生，知识构建、意义协商、身份形成并发交互，构成了跨个体群体创新学习活动的运转机制，实现了基于创新共同体的协同反思，汇聚了集体智慧。承载跨界知识的媒体介质破除时空限制，打通了信息技术和知识创新衔接的绿色通道，虚拟现实作为新的联通方式，实现了视觉、听觉、触觉、动觉多种感知的合一。跨媒体介质、跨学科实现了多机制、多渠道、多途径训练，提升了分析问题、解决问题的能力。这所有的一切都能通过泛在翻转课堂淋漓尽致地体现。

二、泛在翻转课堂概念及内涵

翻转课堂译自“Flipped Classroom”或“Inverted Classroom”，也被称为“颠倒课堂”，是指重新调整课堂内外的时间，将学习的决定权从教师转移给学生。这种教学模式将课堂分为三个阶段，即课前、课中和课后。课前学生通过听视频讲座、看博客、阅读功能增强的电子书、网络讨论、资料查阅等方式开展自主学习；课中学生要专注于主动的基于项目的学习，共同研究解决本地化或全球化的挑战以及其他现实面临的问题，从而获得更深层次的理解；课后学生自主规划学习内容、学习节奏，教师采用讲授和协作来满足学生的需要和促进他们的个性化学习及知识巩固，其目的是通过实践获得更加真实的学习。翻转课堂将信息传递放在课前，将吸收内化通过课堂互动来完成，教师能够提前了解学生的学习困难，在课堂上给予有效的辅导，同学之间的相互协作更有助于知识的吸收内化。

翻转课堂将学习变为社交，将班级变为社区，将听觉为主的学习变为多觉合一的体验，在这个过程中，教师的主体地位被弱化，学生的学习能够从被动变为主动，从独立变为协作。翻转技术改变了基于认知理论及社会构建主义理论的课堂教学，在翻转课堂，学生既可以从个体层面也可以从群体层面参与课堂。一方面，学生能够将新的内容和自身思维方式联系起来，更好地组织自身的学习；另一方面，学生可以通过与他人的互动来获取知识，这更能激发学生使用积极主动的方法来协同学习的热情。翻转课堂不仅带来了教学模式的变革，更为学生提供了泛在学习的机遇。

顾名思义，泛在学习是广泛存在的学习，是指每时每刻的沟通、无处不在的学习，是一种任何人可以在任何地方、任何时间获得所需的任何信息的学习方式，即 4A 学习（anyone、anytime、anywhere、anydevice）。泛在学习环境下，学习者能一直保持学习状态，学习过程是连续、无缝的；学习者可以访问到的学习资源形式除了文本，还有图形、图像、音频、视频；学习者不论在哪里都可以直接从信息网络及时获取所需的知识；学习者可以容易地融入各种自然有效的学习场景。泛在学习的本质是“以人为中心、以学习任务为焦点”的学习。在泛在学习环境下，学习是一种主动自发的行为，学习者可以在任何地方、任何时间，接入他们所需要的文档、数据和视频等信息，学习是一种自我导向的过程。泛在学习迎合碎片化时代特征，将会是普适计算环境下未来的主流学习方式。

泛在学习可以是基于学习资源和教师的正式课程学习，也可以是基于完全数字化学习资源的非正式学习，还可以是基于学习资源和教师、介于正式学习和非正式学习之间的准正式学习。

翻转课堂开启了新的教学模式，技术加强的学习环境使学习回归到现实世界，泛在学习具有情境性、真实性、自然性、社会性和整合性，开启了新的学习方式，两者有机结合能够全方位、全时空培养人才，从课前感知到课中理解，再到课后内化，从感性到理性，从思维到体验都能在网络世界实现。构建泛在翻转学习环境、推动泛在翻转学习将成为支持终身学习、构建学习型社会的重要途径。

三、泛在翻转课堂协同构建

泛在翻转课堂强调自我学习和群体学习的结合、课上学习和课后学习的结合、线上学习和线下学习的结合、教材学习和资源学习的结合、技术支持和教师授课的结合，这就需要全方位、多元化的融合协同。

（一）战略协同

战略协同是公司战略的概念，一方面要求协同获得好的结果，即协同效应；另一方面，通过资源整合、识别和实现协同效应，获得竞争优势的动态管理。教育是社会发展的基础性要素和公共服务产品，是社会发展系统中的重要组成部分，社会政治形态、经济形势对其具有决定性作用，宗教、文化、科学、技术、人口等也会对教育产生一定影响。教育在经济社会发展过程中发挥着基础性、先导性和全局性的作用，信息化背景下的泛在翻转课堂推进前提是教育战略协同。

泛在翻转课堂的基本目标是培养社会主义建设者，要以网络思维面向未来进行顶层设计，以“国际国内统筹、平台和课程一体、市场与行政协力”为基本原则，坚持政府引导、多方参与、共享共建，实现“政府投资建设、企业运营维护、学校购买服务”，探索小学、中学、大学贯通式学习。在组织建设、资源配置、时序优化等方面高度协同，让政府、企业、学校、家庭、社会等教育参与者高度协同。

（二）组织协同

如果将教育参与者看成一个组织，那么这个组织存在着上下、左右、内外三个方向的协同。上下协同是纵向协同，教育行政主管部门、学校、教师、学生之间的协同，这是纵向一致的重要力量，实现教育目标的上下一致和战略行动的同欲共进。各级教育主管部门之间的协同，从教育情感、能力、应用提出上下一致的价值期望，制定高层战略指引、策略修正和重大决策支持。教育主管部门和学校之间的协同，明确主体学校的战略定位，从战略支撑、架构效率、战略管控三个不同维度提升学校对教育战略的支撑能力，完成从办学目标、路径、行动、能力、资源等维度的分析研判，为战略落地执行提供行动和资源配置优序指引。教师之间、学生之间的协同需关注拟订目标、关键路径、核心行动之间的匹配，优化角色定位、分工、协作和人员配置，以教育目标为牵引，明晰核心工作，实现教育目标驱动下的自我管理和自我学习。

左右协同是一种松散的横向协同，同级教育主管部门之间、教育技术支持商之间、教育技术提供商之间、学校之间、学习社群之间的横向协作，能实现 1+1>2 效应，为学习效能加杠杆。这需要教育参与者凝聚力量，成为目标达成的推动者和践行者。

内外协同是基于“价值共享”的内外协同，其协同力量来源于学习组织内外资源的规整和融合，是学习价值挖掘、转移和再分享的过程，是形成推动学习组织达成既定目标最具创意和原动力的力量所在。学生、家庭、学校、社会应达成共识，为教育价值链提质增能。

（三）工具协同

泛在翻转课堂是信息技术和教育的深度融合，各个产品之间、开发商之间、学校之间采用的技术不同、工具不同，需要各种工具的协同。工具协同就是提供给各个不同教育参与群体的协作环境，通过网络实现文本、图形、视频、音频等多种媒体形式的实时和非实时讨论交流、信息交互。泛在翻转课堂需要一个协同网络工作环境，该环境具有集成一体化的多媒体多模式操作平台，以及适合于计算机支持的协同工作的管理、使用和创作工具。在此环境中，大家可以相互合作，共同学习于一个产品、一个项目、一个问题或一个平台。该协同环境可以改善学习者的信息交流方式，消除或减少大家在时空上的隔离障碍，节约成本，提高学习质量和效率。

泛在翻转课堂可以采用在同一时间同一地点开展同一任务的同步模式，也可以采用在同一时间不同地点开展同一任务的分布式同步模式，还可以采用同一地点不同时间同一任务的异步模式，更可以采用不同时间同一地点同一任务的分布式异步模式。不论哪种模式，都需要工具开发者进行协同工作、相互操作，在软件开发、课件制作、资源准备等活动中进行协调、执行和计划。不论是传统软件工程技术工具还是新型工具，都可以选择传统方法修改、合并、拷贝，支持多视图、同风格、同步文件共享等，实现工具之间的互通共享、兼容并济，让学习者以最小的工具使用成本获得最大的学习效能。

（四）资源协同

教育资源一般指教育发展必备的经济条件，这里所说的资源更多是指学习资源，包括时间资源、课程资源、师资资源等。

从时间资源来看，要做好时间加减，课内学习时间减少，课外学习时间增加；教师讲授时间减少，学生主动学习时间增加；

教师课堂讲授内容减少，技术支持的学习内容增加。从课程资源来看，校内课程资源减少，校外课程资源将更加丰富，在泛在翻转课堂构建过程中需要对课程资源进行重定位和再认识，走出对课程资源的僵化思维观念定势，课程将由狭变广、由静转动、由内转外、由封闭到开放，将学科、生活、社会结合在一起，书本知识和社会经验结合在一起。课程资源将由课堂延伸到课外，由学校延伸到社会，整个社会环境都将成为学习的课堂。课程资源不再局限于教材，而是教材、视频、音频、习题、阅读资料的统一体。课程资源来源将更加广泛，生产课程资源的不仅仅是教师，也可能是学习者、教育企业、家长，这就需要资源的协同。资源建设不再以教师、学校为单位，而是以课程为单位，全社会同一课程资源建设需要高度协同。教师作为教育的人力资源，线下属于某一个学校、某一个区域，线上将成为某门课程、某个学科的重要资源，优质教师集聚、优质教学资源集聚将成为趋势。泛在翻转课堂需要资源协同，条块式、分割式的教学藩篱将被打破，开放式、共享式的教育格局将被重塑。

四、结论

日新月异的信息革命和现代教育发展历史交汇，使得我国教育发展进入了重要的机遇期。泛在学习正在构建学习型社会，翻转课堂为学习型社会构建提供了范式，二者结合可以推进全国教育信息资源整合共享，打通信息血脉，缩小教育差距，释放教育活力。泛在翻转课堂的构建需要战略协同、组织协同、工具协同和资源协同，切实把握好互联网技术创新优势、技术应用的领先优势和数字教育的发展优势，构建协同泛在翻转课堂，开启我国泛在教育的新征程。

参考文献：

[1] 刘静，吴燕，汪素琴. 翻转课堂教学模式在古代文学课程中的应用[J]. 浙江海洋大学学报（人文科学版），2018，35（4）：103－107.

[2] 万新娜. “项目导向—网络驱动”双主体教学模式研究 [J]. 现代教育科学，2019（2）：114－119.

[3] 姚巧红，修誉晏，李玉斌，等. 整合网络学习空间和学习支架的翻转课堂研究——面向深度学习的设计与实践 [J]. 中国远程教育，2018（11）：25－33.

[4] 陆韬，金强山，宋涛，等. 基于信息技术的翻转课堂教学模式研究——以“网络工程设计”课程为例 [J]. 中国信息技术教育，2018（22）：102－103.

[5] 詹亮，秦琴. “三维模式”的翻转课堂设计 [J]. 教育现代化，2019（8）：145－147.

[6] 王广珠，王静，李淑敏. 翻转课堂的探索研究 [J]. 现代职业教育，2018（1）：120－121.

[7] 原昉，乜勇. 智能时代泛在学习的基础和教学支持服务研究 [J]. 现代教育技术，2019，29（5）：26－32.

[8] 毛虹丹. 泛在学习：“互联网＋”时代的学习 [J]. 中国成人教育，2018（21）：12－15.

[9] 王凌云. 泛在学习环境下智慧翻转课堂的研究与实践 [J]. 课程教育研究，2020（2）：1.

[10] 付雨朦，张一春，范文翔. “互联网＋”视域下继续教育泛在学习资源建设模式探索 [J]. 中国成人教育，2018（18）：119－123.

[11] 朱珂，李冰青，苏林猛. 网络学习空间中协同学习的触发机制及实证研究 [J]. 中国电化教育，2018（7）：25－32，44.

[12] 王伟芳. 学习成果导向的多维协同教学模式探索与实践 [J]. 中国大学教学，2017（5）：74－77.

“翻转课堂”在“中国新闻传播史”课程中的运用

潘理娟
四川师范大学影视与传媒学院

摘　要：随着传播技术革命性变化的推动，新闻传播学界针对新闻学未来的发展方向与网络时代新闻学的课程设置、教学内容与方法等一系列内容进行学术讨论与课堂实践。在这一背景下，四川师范大学影视与传媒学院中国新闻传播史课程突破传统“重教轻学”的教学模式，将翻转式教学引入课堂，力图调动学生学习的自主性，获得更开阔的了解历史的空间。

关键词：新闻史；翻转课堂；教学实践

“欲知大道，必先读史”。“中国新闻传播史”作为全国高校新闻与传播学专业的必修课程，不仅勾画了新闻传播活动与中国社会变迁的关系，揭示了新闻传播行为与文明发展的互动，还为新闻理论和新闻业务等课程提供了史料阐释和历史来源。“辨方位而正则，登高方能望远”，用大历史的视野把握新时代，才能更好更深入地理解重大政治判断，凝练具有时代意义的新闻作品。

一、“中国新闻传播史”研究的前沿趋势

自1926年戈公振出版《中国报学史》至今，国内诸多著名新闻学学者投身新闻史研究，包括方汉奇、赵玉明、尹韵公、吴

廷钧、黄瑚、程曼丽、陈昌凤、黄旦等，研究成果颇丰。其中，仅中国人民大学方汉奇教授就出版了《中国近代报刊史》《中国新闻事业通史》《中国新闻事业编年史》《新闻史的奇情壮彩》《报史与报人》《中国当代新闻事业史》《中国新闻传播事业史》等10多本新闻史学专著。

随着传播技术革命性变化的推动，新闻传播学界针对新闻学未来的发展方向与网络时代新闻学的课程设置、教学内容与方法等一系列内容进行了讨论。2005年12月，联合国教科文组织在巴黎举行新闻教育者工作会议，商讨了适合发展中国家新闻学教学的基本方案。会议结束后，联合国教科文组织成立一个工作小组，负责制定发展中国家新闻学教学方案，并最终形成“Model Curricula for Journalism Education”（《新闻学院课程教育模板》）一书，规定了新闻院校新闻传播学课程设置的模式，包括新闻史课程的设置。2008年清华大学李希光教授召集国内各大新闻院校学科负责人和教师，先后在清华大学、香港浸会大学、新疆财经大学等高校举办论坛，讨论该模板在中国的适应性问题。

2007年，复旦大学信息与传播研究中心与《新闻大学》杂志社合作，设立“新闻史·中国新闻史研究现状笔谈”栏目，分别邀请了丁淦林、吴文虎、李彬、黄瑚及黄旦等学者，对以1956年《中国报刊史教学大纲》[①] 为框架的中国新闻史教学方案与研究方式进行了讨论与反思。五位学者认为需要打破1956年所确立的中国新闻史研究的范式，新闻史研究不是研究它在政治斗争、思想斗争中的历史作用，而是“全面研究我国新闻传播业及其新闻传播活动在社会发展中的历史作用”。复旦大学黄旦教

① 1945年马列学院（中共中央党校）开设新闻班，该班副主任丁树奇根据苏联经验，起草了《中国报刊史教学大纲（草稿）》，1956年，经胡乔木审阅修改后，成为此后各高校中国新闻史教学的重要依据，迄今影响未减。

授在其论文《报刊的历史与历史的报刊》中提出“以报刊为合法性主题的历史，才是真正称得上报刊史”，但同时清华大学李彬教授也提出新闻史的研究不是“那种一报、一刊、一社、一台的考据式研究”，而是“既关注新闻本体的内在关系，更探究新闻与社会的外在联系”。此栏目迅速引起了国内学者的关注，在此种情况下，2007 年第一期《新闻大学》相继刊登了中国人民大学教授方汉奇、华中科技大学教授吴廷俊和北京大学教授程曼丽的文章，对上述借鉴西方史学理论，构建中国“新史学”教学与研究方法的“新史学”流派的观点进行检视。程曼丽教授提出我国的历史科学正在进入一个新的转型期，值此之际，认真了解、研究和借鉴西方的史学理论，以丰富和完善我国的史学研究（包括新闻学研究），是十分必要的，但是“必须考虑到中国的具体情况与学科研究领域的具体情况”。

2014 年，复旦大学的黄旦教授再次在《新闻大学》刊文，呼吁为了适应时代的变化，“新闻学的重造迫在眉睫”。2016 年，黄旦教授依托复旦大学信息与传播研究中心，成立“新媒介（报刊）史书写”研究团队，发表系列论文，提出传统的新闻史书写的两种方式——“现代化”逻辑和“革命史”逻辑——看似差异甚大，但在史观及其对于报刊的看法上，却有着共享的前提和假设：连续的进化观、整合一统的时空观、媒介只是一种受人使用的工具或载体等。因此，应该有一种新的书写方式，即以媒介为重点，以媒介实践为叙述进路，报刊不是本质的而是构成式的；要有多样的视角和分析单元，以实现范式的变更。黄旦教授认为进行新报刊书写的目的，绝不单纯为重新书写一种报刊史，而是以报纸作为经验性材料，重新挖掘中国传播的历史状况及其特征。从城市传播的视角上看，无论研究对象是历史还是现实，在研究路数上都是相通的，因为一个学术研究共同体的形成，其关键在于对学术标准的共同认定。近年来，以媒介为中心的新闻史研究在国内呈现一片繁荣景象。

二、“中国新闻传播史”课程与“翻转课堂”教学模式

从时间的角度来看，新闻史课程的发展滞后于新闻史学研究。国内多数高校仍然采用传统的“重教轻学”的教学模式——以老师为主的知识讲解、观点呈现等，而学生的参与互动较少。华中科技大学新闻传播学院张琨教授认为造成这一现象的重要原因之一是“教学框架构建体系不完备、教学方法陈旧、教学重点不突出”。为了解决这一问题，2013 年中国人民大学新闻传播学院赵云泽在赴美访学后，将美国的“翻转课堂”[①] 教学模式引入中国人民大学新闻传播学院的中国新闻史的本科教学活动中。

赵云泽教授按照“问题意识”而非传统革命史的逻辑线索对中国新闻史的课程内容进行了重新梳理，并设置教学内容。主要内容包括：①中国古代的舆论沟通机制；②近代在华外报的遗产；③国人与现代化的报刊；④中国的记者职业的演进；⑤“五四”时期的报业与公共领域的构建；⑥中国民营报刊的生存体现；⑦中国国民党在大陆新闻事业的发展历程；⑧中国共产党的办报传统；⑨1956 年后新闻界的“左”倾错误路线；⑩1978 年后新闻界回归“新闻本位”；⑪当代新闻业的企业化改革；⑫当下新兴媒介革命；⑬港澳台新闻事业发展所面临的问题。在这一课程内容框架下，每一讲都是一个相对独立的“探讨专题”，学生可以依据专题阅读有关材料，并进行深入讨论。除此之外，每一讲又设置若干的可供讨论的具体问题，这些问题涵盖本讲的核心知识点和学术前沿问题，拓展学生思维。赵云泽关于新闻史教

---

① 翻转课堂产生于美国，是一种侧重于培养学生阅读能力、分析能力、自主学习能力的教学方法。它需要师生一起研究、探讨问题，从而获得相关知识的掌握。

学改革的尝试引起了全国新闻学院的关注。

三、借鉴“反转课堂”教学模式，拓展“中国新闻传播史”教学实践

大学教育是全面的。作为一门专业基础课程，一门史论课程，“中国新闻传播史”课程既想实现大学教育的全面性，又想实现大学教育的工具性，因此，在教学过程中既关注对学生人文素养的培养，又关注对学生学习效率的提高。四川师范大学“中国新闻传播史”教学力图进行中西比较、史论结合、历史与现实结合、微观的考据与宏观的评析结合、图片展示与视频材料的结合，把中国新闻事业史的教学同新闻理论业务课的教学、现实新闻工作的研究现状结合起来。然而，碍于能力和条件限制，可能会不知不觉中偏离目标。为了明确方向性，在具体实施过程中，任课老师将上述教育理念分解为以下几点。

（一）注重新闻史的现实意义，培养学生的思辨能力

“中国新闻传播史”课程授课内容庞杂，时间跨度长。自唐代“进奏院状”、1815 年马礼逊在马六甲创办《察世俗每月统计传》至当代，涉及报刊种类繁多，报人数量庞大，新闻论争不断。在整个中国新闻事业史发展过程中，不仅有传教士办报活动、外国人在华办报活动、国人自办报刊活动，而且国人报刊又细分为爱国主义报刊、国民党报刊、中国共产党早期报刊等。同时，本课程与一线新媒体业务、学生日常接受的新媒体产品内容有一定的差距。因此，探索区别于传统的重教轻学的模式，培养学生兴趣，提高教学效果，成为教学过程中的关键因素之一。

首先，“中国新闻传播史”课程需要注重史论的现实意义。理论上，从历史报刊和报人的视角说明为何以及如何建立正确的新闻观念，中共新闻工作者如何在新闻实践过程中坚持党性与人

民性的统一。在时代与历史语境中，重点说明新闻工作者除了真实、准确、快速报道新闻，还肩负着引导社会舆论的重要使命，尤其是在国家面临危难时，新闻工作者的人格与报刊的报格会影响国家的命运。因此，在授课过程中，本课程不仅要对各类办报活动的目的与影响进行细致的分析和阐释，在大的历史背景与时代语境中思考中国新闻传播活动发展规律与特征，还要与社会事实相联系，在了解历史新闻报刊活动过程中，梳理正确的新闻观与世界观，指引新闻实践活动。

其次，“中国新闻传播史”课程注重培养学生的思辨能力。为了真实地还原历史上的新闻活动，本课程重点关注学生对史实和史料的认定和学习，鼓励学生多翻报纸原件，查阅历史资料和历史背景，在历史语境中认识中国新闻传播活动的产生与发展，从而总结中国新闻传播事业发展的规律性特征和个体性差异，即不同报人与报刊在同一时代背景下的不同选择。例如，在学习“中国近代报刊活动”的过程中，可使学生进一步了解这一时期的代表性报刊及其活动，从历史中懂得报刊活动与社会现实之间的复杂互动。同时，要将同时期关于新闻史研究的主体性争论和焦点介绍给学生，以便培养学生的理性思辨意识，尝试从不同视角分析报刊版面、内容、经营等方面的局限性。

（二）部分借鉴“翻转课堂”模式，提高学生的参与性

借鉴国内外经验与四川师范大学网络与新媒体专业学生的实际情况，任课老师在授课过程中部分借鉴“翻转课堂”的教学模式，即积极鼓励学生参与课堂教学活动，鼓励课外阅读，同时注重对重点内容的讲解，不完全依靠学生的阅读和问题。其首要原因是“中国新闻传播史”课程开在大一第一学期，学生刚刚经历完高中的“填鸭式”教学方式，缺乏问题意识，一时还不能完全适应自己阅读文献、提出问题进行课堂讨论的教学方式，尤其是

教学班级内还有部分原有的理科学生，他们关于中国历史文化的知识积累相对薄弱，不能很好地参与课堂的讨论。其次，相对于传统课堂而言，“翻转课堂”在促进教学科研一体化中的优势也是显而易见的。教师和学生在翻转课堂上围绕相关问题进行探讨，为了确保讨论的参与性与深入度，不仅学生需要在课前进行了大量的阅读和思考，任课老师也要重读材料，并在与学生的讨论中进一步思考问题，探寻解决问题的路径，引领学生进入相关的科研项目中。而本校“中国新闻传播史”课程的授课对象为大一新生，几乎没有参与到老师或学校的科研项目当中，缺乏科研锻炼和经历。虽然无法深入参与到这种教研一体的“研讨式的学习”当中，但是可以让他们在课堂中懂得什么是科学研究，引领他们了解本学科的前沿学术问题，激发他们研讨的兴趣。

因此，“中国新闻传播史”课程应借鉴“翻转课堂”的教学模式，鼓励学生参与课堂教学活动和讨论。首先，根据课时的设置，将全班同学分为23个组，每堂课安排一个小组（一般两人为一个小组）为大家介绍与本课程相关的案例、收集与本课程相关的档案资料等，通过课堂展示方式与其他同学分享成果与心得。其他同学阅读相关资料与报纸，提出问题参与课堂讨论。（备注：任课老师会根据教学进度和教学大纲安排，提前一至两周告知课堂作业的具体要求。）其次，要求任课老师对所讲内容了然于胸，同时提前审阅学生的发言稿和PPT，根据学生所讲的内容和课堂重点知识点，制作课件，补充课堂知识。任课老师还要对所讲内容有充分的科研积累，能够满足、覆盖同学们在讨论中所涉及的知识的深度和广度。教师要精挑文献、阅读材料、报告内容，因其质量会直接影响课程的质量。

（三）将思想政治教育融入课堂

“中国新闻传播史”课程的内容多，时间长，在授课过程中一定要对各类办报活动的目的与影响进行细致的分析和阐释，在大的历史背景与时代语境中思考中国新闻传播活动的发展规律与特征。

例如，在讲授传教士报刊活动的单元时，需要结合历史档案资料阐释《察世俗每月统计传》《东西洋考每月统计传》《遐迩贯珍》《万国公报》等不同时期报刊的时代特征和目的，也要关注传教士报刊的统一性特征——为西方帝国主义侵略行为提供舆论支持。传教士报刊是鸦片战争前夕随着西方列强入侵而传入中国的。

此外，该课程的授课过程中，要深入学习马克思主义新闻观，立足于把马克思主义新闻观与中国共产党领导的新闻实践活动相互结合，将最新的中国特色社会主义新闻理论及研究成果带到课堂，深入到四川师范大学网络与新媒体专业的本科教学中。从新闻传播史的视角分析报刊的党性与人民性的统一，向学生传递 2016 年 2 月 16 日习近平总书记在党的新闻舆论工作座谈会上指出的“把党性和人民性对立起来，在思想上是模糊的，在理论上是错误的，在实践上是有害的”核心思想与现实意义。

（四）增加文本阅读分析，提高课程的实用性

在教学的过程中，常常会被学生问“这门课有什么用?”“对以后的工作有什么指导意义?”为了满足学生的现实性需求，满足大学教育为经济和社会服务的理念，课程特意设置了“新闻作品赏析”环节。“新闻作品赏析”环节一般由学生课下阅读新闻作品，课堂讨论记者的写作风格和特征，以及在历史语境下产生的时代意义。但由于课堂内容繁多，不能在每一节课都安排作品讨论环节，因此，文本阅读主要依靠学生在课下完成。

同时，鼓励学生利用互联网资源主动挖掘未知领域。立足课程教学，鼓励学生主动利用网络这一“蓝海资源”去挖掘更多的信息，这是培养学生思考能力的有效途径。在教学过程中，任课老师不仅要鼓励学生阅读大量的经典新闻作品，而且要激发学生

借助互联网自主阅读、自主学习的热情。

参考文献：

[1] 黄旦. 报刊的历史与历史的报刊 [J]. 新闻大学，2007 (1)：51－55.

[2] 程曼丽. 也谈新史学：关于新闻史研究的若干思考 [J]. 新闻大学，2007 (3)：17－20.

[3] 黄旦. 整体转型：关于当前中国新闻传播学科建设的一点想法 [J]. 新闻大学，2014 (6)：1－8.

[4] 黄旦. 报纸革命：1903 年的《苏报》——媒介化政治的视角 [J]. 新闻与传播研究，2016 (6).

[5] 张琨. 全媒体时代《中外新闻史》课程教学的创新探索 [J]. 西部学刊，2018 (1)：63－65.

[6] 赵云泽. 中国新闻史教学改革的新探索：翻转式课堂的应用 [J]. 新闻大学，2016 (12)：122－128.

“大众游泳”线上开放课程建设的现状分析

喻雪莲　张　霞
四川师范大学体育学院

摘　要：停课不停学背景下，怎么上好大学体育游泳课。大数据时代，网络技术的迅速发展正不断地转变着人们的学习与生活方式。手机、平板电脑等电子设备的普遍使用使得移动学习和碎片化学习越来越受到人们的广泛欢迎，也逐渐衍生出线上教学模式，借助相关信息技术，对游泳课程的教学进行新的构思与设计。本文主要采用文献资料法、问卷调查法和数据统计法对“大众游泳”线上课程建设及课堂教学现状进行探究，通过分析游泳课线上教学的实际情况，了解其所具备的优势。

关键词：游泳课；线上课堂；教学改革

传统教学方式主要以教师为主体，教授学生知识与技能。在教学活动中教师占据主导地位，既是教学活动的发起者，也是监控者，而学生往往处于被动地位，单纯地接受教师所传授的知识与技能。当前大多数高校在开展教学活动时，依旧以教科书内容为主，多媒体等教学工具仅仅是辅助教学，并没有十分鲜明的作用。随着教学方式的不断改革与创新，线上教育受到越来越多教师和学生的青睐，体育教育课程也应积极引进线上教育课程教学，借助互联网所提供的丰富的教学资源，以及学校自身具备的充分实施条件，使体育课线上教育的方式逐渐推广开来。体育课线上教学主要包括以下几方面优势：实现资源共享，帮助学习者搜集更多的资源；推动学生与教师之间的交流与沟通；满足学生个性化学习目标；极大地提升学生的参与积极性，增强学生的参与意识。在一定程度上，线上教育的开展弥补了传统教学的不足，推动了教育方式的改革与进步，但是线上教学的开展也存在不足，例如线上教学碎片化，不利于学生系统学习以及掌握整体知识，不利于教师及时、有效地监控学生的学习状况。

一、国内外在线课程开放的现状

（一）国外在线开放课程现状

麻省理工学院的 0CW 引导了一次全球性的运动，即开放教育资源（OER）运动，而开放源代码软件运动，是开放教育资源运动的源头。1983 年，Richard Stallman 公布了 GNU 计划，计划中包括 MIT 人工智能实验室呼吁在投入财力时，从软件与硬件两方面对程序员给予支持，这样一来，就能搭建兼容 Unix 的软件，同时实现共享。1991 年，Linus Torvalds 在 GNU 工具的帮助下，针对 Linux 进行了开发，如今，Linux 已成为最成功的开源操作系统。因为理念是开放、共享，所以 MIT 对课程材料进行开放，真正贯彻了知识无边界的理念，提高了社区影响力。

MIT 开放了 0CW 后，在全世界的教育领域得到了普遍关注，同时促进了各个方面的研究，如内容与形式、带来的成效、资源的建设与评估、资源影响力等。在我国，研究开放课程时，基本围绕 MIT 0CW 的发展情形、对全球开放教育资源的影响、与国内精品课程的对比研究等方面。

（二）国内在线开放课程建设的现状分析

学校、教师和学生三个主体共同协作是顺利建设和开展在线开放课程的基础和前提。向宇燕等（2020）在《人体解剖学精品在线开放课程建设的现状分析》中明确提出，学校既要建立健全建设课程网站的各种设施设备，也应该加大政策方面的支持与鼓励，激发教师与学生的参与热情和主动性；教师应该以教学内容和课堂形式、评价方式等方向为切入点，优化整合上课过程；学生应该从学习过程中体会到趣味与快乐，激发学习的好奇心[1]。吴翠燕（2020）在《基于众创理念的“旅行社管理”在线课程建设思路与路径》中认为，学校应购入教学仪器设施，从建设录播教室到设计优化课程网站，以便更好地适应如今这种新教学模式的推广[2]。李小川等（2020）在《线上线下相融合的在线开放课程建设与教学实践》中认为，教师自身对教学质量与效果的高标准和学校出台相关的规章制度是该项工作正常运行的有力保障。游泳课程内容不再单一，教学途径和手段也多种多样，可以将其转变为在线课程。因此，将游泳课程打造为以网络平台为保障的在线开放课程不再流于口头[3]。

二、四川师范大学游泳课线上课程建设实践

（一）游泳课线上教学目标设计

由图1、表1的数据分析，可以发现教学活动中教学目标具有十分重要的地位和作用，教学活动的开展以教学目标为寻向，按照一定的计划和流程进行，帮助教师更好地达到预期教学目的，学生得到更好的学习结果。针对四川师范大学游泳课线上教学的情况进行调查，发现在教学目标的制订方面，几乎所有的体育教师都是为了让学生掌握更多的专业知识与技能；66.67%的体育教师是为了在线上教学中不断积累经验，创新教学方法；66.67%的体育教师是为了结合思政培养学生的体育精神；83.33%的教师是为了完善教学过程，推动教学改革。由此可见，当前四川师范大学的体育教师对于游泳课线上教学具有一定的认

识，能够正确看待线上教学的优势，但同时所有体育教师更认同线上教学作为方式，是传递知识与技能的途径，这与传统教学向学生传递知识与技能的目标一致。

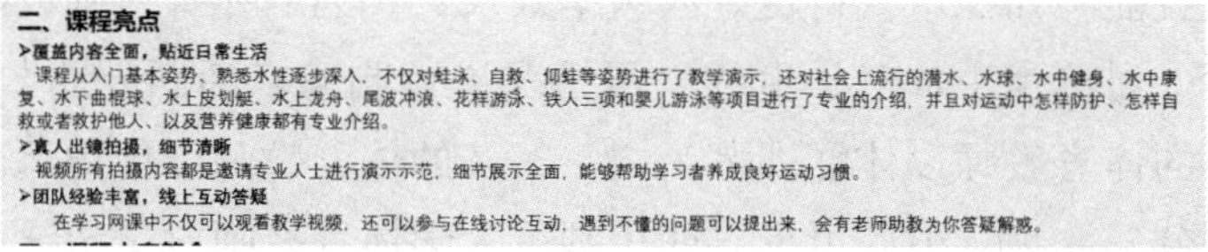
二、课程亮点

➢覆盖内容全面，贴近日常生活

课程从入门基本姿势、熟悉水性逐步深入，不仅对蛙泳、自救、仰蛙等姿势进行了教学演示，还对社会上流行的潜水、水球、水中健身、水中康复、水下曲棍球、水上皮划艇、水上龙舟、尾波冲浪、花样游泳、铁人三项和婴儿游泳等项目进行了专业的介绍，并且对运动中怎样防护、怎样自救或者救护他人、以及营养健康都有专业介绍。

➢真人出镜拍摄，细节清晰

视频所有拍摄内容都是邀请专业人士进行演示示范，细节展示全面，能够帮助学习者养成良好运动习惯。

➢团队经验丰富，线上互动答疑

在学习网课中不仅可以观看教学视频，还可以参与在线讨论互动，遇到不懂的问题可以提出来，会有老师助教为你答疑解惑。

图 1　大众游泳线上教学设计

表 1　大众游泳课线上教学目标制订情况（$n=6$）

	人数	比例
掌握更多专业知识与技能	6	100%
创新教学方法	4	66.67%
结合思政培养学生的体育精神	4	66.67%
完善教学过程	5	83.33%

（二）游泳课线上教学内容

由图 2（其中一单元小节为例）、表 2 的数据分析，可以发现游泳课线上教学的开展应当借助传统课堂教学的经验与基础，结合网络技术对游泳课教学内容进行优化与设计。针对四川师范大学开展游泳课线上教学的内容进行调查，根据超星学习通、中国慕课、学堂在线等平台的特点以及传统课堂教学的需要，将每堂课的教学内容分为教学视频、文本资料和扩展资源等几个部分。其中 30%的体育教师以教学视频为主，教师录制每节课需要学习和示范的动作，视频时长在 10 分钟以内，便于学生利用碎片化时间进行在线学习；10%的体育教师以文本资料、PPT、思维导图为主，教师总结每堂课的教学重点，制作所运用的技术动作的电子教材，便于学生课前预习和课后总结，更深入地了解与掌握所学知识与技能；10%的体育教师以扩展资源为主，教师借助各种数据库以及微信公众号等途径来搜集与本次课堂教学有关的资源，延伸教学范围，帮助学生更深入地理解与掌握游泳的相关技能与知识，获得良好的教学效果；10%的体育教师以随堂测验、讨论为主，对学生的学习情况进行测验，活跃课堂氛围；20%的体育教师以体能训练为主；20%的体育教师以优秀运动员案例分享为主。由此可见，四川师范大学体育教师对于游泳课线上教学具有一定的认识，能够充分利用线上教学的优势开展教学。

图 2　游泳课线上教学内容情况

表 2　游泳课线上教学内容情况（$n=10$）

	人数	比例
教学视频	3	30%
文本资料、PPT、思维导图	1	10%
扩展资源	1	10%
随堂测验、讨论	1	10%
体能训练	2	20%
优秀运动员案例分享	2	20%

（三）游泳课线上教学方法

由表 3 的数据分析，可以发现游泳课线上教学方法的选择十分重要，能够影响教学效果与教学质量。针对四川师范大学体育教师开展游泳课线上教学方法的选择情况进行调查后发现，16.66%的体育教师采取指导法，在学生练习的过程中认真观察学生的技术动作以及表现，随时进行指导，或者让学生进行互评，指出问题所在，加深学生的印象；50%的体育教师以直观教学为主，对学生自主学习过程中存在的问题进行总结和解决；16.66%的体育教师会采取语言法，但单调枯燥的教学方式难以充分调动学生的学习兴趣；16.66%的体育教师选择其他的教学方法。由此可见，四川师范大学体育教师所采取的教学方法与传统课堂教学方法无异，较为传统、单一，趣味性不足，不利于调动学生的学习积极性。

表 3　游泳课线上教学方法选择情况（$n=6$）

	人数	比例
直观法	3	50%
指导法	1	16.66%
语言法	1	16.66%
其他	1	16.66%

（四）游泳课线上课堂练习情况

由表 4 的数据分析，可以发现四川师范大学体育教师开展游泳课线上课堂练习时，50%的体育教师都是采取集体练习的方式，在教室示范和讲解之后，由学生进行练习；33.33%的体育教师选择分组合作练习方式，学生之间分小组进行练习，互相之间观察，交流对方的表现；16.66%的体育教师选择让学生自主练习，观察每一个学生的不足与问题，有针对性地进行指导。由此可见，当前游泳课线上课堂练习依旧以集体练习为主，但这种情况下教师无法照顾到每一个学生，无法提供针对性指导。

表 4 游泳课线上课堂练习情况（$n=6$）

	人数	比例
集体练习	3	50%
分组合作练习	2	33.33%
自主练习	1	16.66%

（五）游泳课线上教学课后巩固情况

游泳课与其他教学科目一样，在开展课堂练习之后就应当让学生及时巩固所学内容，尤其是以当天或第二天进行最好。四川师范大学的体育教师在开展课堂教学活动之后，往往会在学校教学相关平台上传课堂练习中学生的练习视频，分析每个学生技术动作的优点与不足，并进行点评，对技术动作较好的提出表扬，并说出好的原因；对技术动作不规范的给予充分的鼓励，并指出错在哪里，应当如何改正。此外，借助线上教学平台，四川师范大学的体育教师还会相应地布置课后作业，并与学生在线沟通与交流。除了课后巩固，学生还会将教师上传的练习视频与教师的教学视频进行对比，发现自身在练习中的不足与错误，有任何疑问或是不懂的地方可以向教师请教，从而掌握更准确的技术动作和理论知识。学生按照教师的计划完成课后作业，能够巩固自身所学知识，并且检测自身所掌握的技术动作与技能水平情况。

（六）游泳课线上教学评价

由图 3、表 5 的数据分析，可以发现教学评价的开展不仅仅是针对每堂课的教学效果，还应当对整个的教学过程进行评价与监控。四川师范大学的体育教师在对学生进行综合评价时，应当以教学目标为标准结合多种评价方式，注重结果与过程，注重形成与终结性，不仅仅以教师评价为主，还应当鼓励学生之间开展互评和自评。同时，评价标准不能针对单独的一堂课，还应当将课前预习、课后复习、作业完成情况、期末考试成绩等纳入其中，保障评价方式的科学、合理。针对四川师范大学游泳课线上教学的教学评价情况进行统计发现，主要的评价标准包括线上教学视频的访问次数、课程视频的观看记录、课程资料的阅读情况、课堂互动、讨论与作业情况，不同的标准设置不同的权重，综合计算出学生该次课程的成绩权重表。其中 86～100 分为优秀，71～85 分为良好，60～70 分为及格，60 分以下则被判定为不合格。

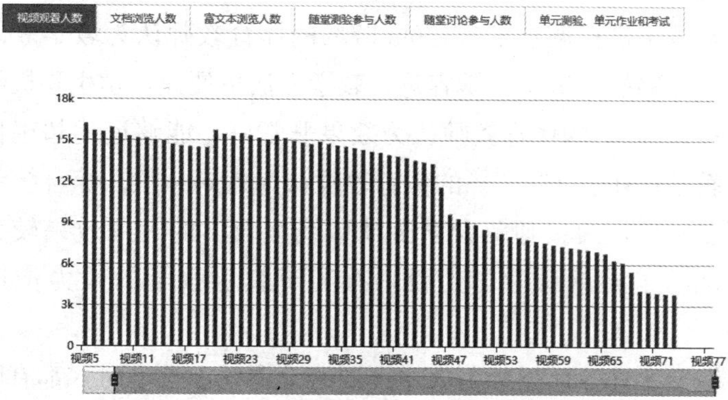

图 3 游泳课线上教学评价情况

表 5 游泳课线上教学评价情况

	权重设置	项目要求
访问数	72%	学生访问平台的次数达到 50 次为满分
课程视频	95%	将所有的视频看完为满分
课程资料阅读	77%	资料模块中专题阅读总时长达到 60 分钟为满分
课堂互动	86%	参与课堂互动可以获得老师设置的相应分数

续表5

	权重设置	项目要求
讨论	81%	发表或回复一个讨论得 2 分，获得一个赞得 1 分
作业	77%	所有作业的平均分
期末考试	59%	期末考试的成绩

（七）游泳课线上教学效果

由图 4、表 6 可以看出，线上教学与传统教学方式相比存在许多的优势，利用网络技术能够搜集更多的教学资源，丰富课堂教学内容，激发学生的学习积极性。针对四川师范大学游泳课线上教学效果进行调查发现，66.67%的体育教师认为教学效果比较好，能够扩大课堂教学容量，教学方法更便捷，学生积极性也较高；16.67%的体育教师认为效果非常好，能够远远超越传统课堂教学；还有 16.67%的体育教师认为效果一般。综合统计分析可以发现，四川师范大学游泳课线上教学的开展效果较为良好，推动了游泳课教学建设，有利于线上教学的大力推广与开展。

综上所述，四川师范大学开展游泳课线上教学时，都有明确的教学目标，利用丰富的资源和教学知识，线上评价效果较为多样化。但是大多数教师采用的教学方法与传统教学方法无差别，以集体练习为主，这种情况下教师无法照顾到每一个学生，无法提供针对性指导。

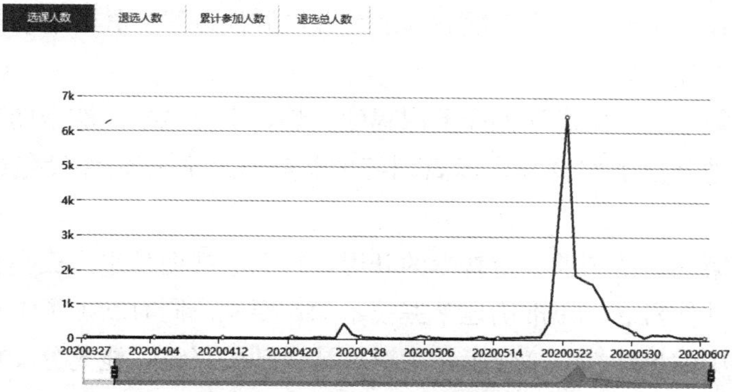

图 4　游泳课线上教学效果

表 6　游泳课线上教学效果（$n=6$）

	人数	比例
非常好	1	16.67%
比较好	4	66.67%
一般	1	16.67%
较差	0	0

三、结论与建议

（一）结论

本文通过对“大众游泳”线上开放课程建设的现状进行分析，得出以下结论：

第一，教师对于游泳课线上教学目标的制订具有明确的认识，与传统课堂教学的目标一致；线上教学内容的开展积极借助网络技术与资源库，丰富教学知识；教师所选择的教学方法与传统教学方法无二，学生课堂练习以集体练习为主；游泳课线上评价标准包括访问数量、视频观看、课程资料阅读、课堂互动、讨论与作业情况等；大多数教师认为开展游泳课线上教学活动的教学效果比较好。

第二，总结游泳课线上课程的优势，主要包括能够帮助学生更好地掌握动作要领、提高训练的趣味性、弥补硬件设施的不足等。

第三，游泳课线上教学的开展，有利于帮助学生形成完整的技术动作概念，更准确地掌握技术动作要领。同时增加了游泳课教学中的趣味性，增强了学生对游泳运动的兴趣，能充分发挥出学生的主观能动性，促使学生向健康化、个性化发展。网络的全面覆盖为线上教学的开展提供了便利条件，助推课堂教学改革。

（二）建议

首先，提高体育教师对线上课程的认知，改变传统的教育观念。四川师范大学应该加强体育教师线上课程应用的培训，提高体育教师的信息技术水平与素养，促进教育方法更新，用发展的眼光来接受游泳课线上教学开展的新观念。此外，鼓励教师多安排游泳课专项教学的室内课，利用线上课程丰富学生对游泳专项运动的了解程度，提高学生对游泳专项教学的参与性、积极性。

其次，充分利用线上教学设备。四川师范大学以及教育主管部门应该多鼓励体育教师在游泳课专项教学中充分利用线上教学技术进行辅助训练或教学，积累一些优秀的经验，丰富游泳课专项教学课程内容。同时，在教学评价中适当增加其他内容，创新教学方法，提高课堂教学的趣味性。

最后，开展培训，提高教师运用线上教学设备的能力。教育主管部门可以定期举办线上教学课件的开发、展示与评比活动，组织游泳专项运动教练班的培训，让新的信息、训练方法以及各校在训练中积累的经验得以展示出来，从而加强基层体育教师的沟通交流，提高其业务水平，共同研发出适合高校游泳课专项教学的管理软件及训练课程。

参考文献：

[1] 向宇燕，陈胜华，郭东铭，等. 人体解剖学精品在线开放课程建设的现状分析 [J]. 教育教学论坛，2020 (11)：307−308.

[2] 吴翠燕. 基于众创理念的“旅行社管理”在线课程建设思路与路径 [J]. 四川旅游学院学报，2020 (2)：97−100.

[3] 王启立，李小川，王艳飞，等. 线上线下相融合的在线开放课程建设与教学实践 [J]. 中国现代教育装备，2020 (3)：49−50，53.

高校展示设计课程中加入本土“非遗”文化的探索

——以成都为例

卢　建

四川师范大学影视与传媒学院

摘　要：非物质文化遗产保护是当前我国的重要工作，高校有责任保护、传承、研究与开发非物质文化遗产。在展示设计课程中加入本土非物质文化遗产内容是传承“非遗”，增强传统文化教育的有效方法。本文阐述了非物质文化遗产引入展示设计教学的基本思路，包括设计思想的教学、“非遗”进课堂、用新形式展示传统文化和课程实施等。

关键词：展示设计；非物质文化遗产；课程

中华民族历史悠久，传统文化博大精深，沉淀了丰厚的非物质文化遗产。于今天而言，这些宝贵的非物质文化遗产仍然是弘扬文化自信的有力手段。“一带一路”重大战略的实施为我国非物质文化遗产的传承与发展创造了新机遇，同时也带来了新挑战。传承与发展“非遗”可推动我国与其他国家的多领域交流与合作，对中华民族伟大复兴具有重要意义。

坐落于四川盆地的成都，4500 多年前就已形成。几千年来成都人用勤劳与智慧造就了属于这片土地的巴蜀文化。这里有为数众多的非物质文化遗产供我们去欣赏，去传承。

高校是高等人才培养的场所，是人类文化传习和活态文化的保护库，肩负着人才培养、科学研究、服务社会、文化传承与创新的使命。非物质文化遗产保护已成为我国当前的重要工作，高校更有责任保护、传承、研究与开发非物质文化遗产。但据调查，有超过一半的中国大学生没有参加过任何类型的传统艺术和非遗活动，高等教育要想提高教育质量，开展有民族特色的“非遗”教育，还有许多工作要做。

一、展示设计课程

“展示设计”是设计学类专业开设的一门重要课程，在环境设计、产品设计、视觉传达设计、公共艺术、数字媒体艺术、艺术与科技等专业中均有开设。根据各高校的教学计划不同，课程名称和内容也有差别，如“会展设计”“商业展示设计”“博物馆展示设计”等，但其核心内容是一致的。

展示设计是一种综合性的交流信息的方式，以高效地传递信息为目的。在一定的空间内，通过空间规划、道具设计、展品陈列、灯光设计、色彩设计等手法，并运用数字媒体技术营造出适合于信息传播与接受的环境。展示设计是一门综合性学科，设计中常常综合运用各种手段将“信息交流”这一目的发挥到最佳程度。

2015 年，《教育部国家发展改革委财政部关于引导部分地方普通本科高校向应用型转变的指导意见》指出，地方高校的办学思路应服务地方经济和社会发展。在展示设计课程中加入本土非遗文化内容是传承“非遗”，增强传统文化教育的有效方法。

二、成都“非遗”的多样性

作为中国历史文化名城的成都，数千年来在这片丰沃的土地上积淀了深厚的文化遗产。本地高校应以传承成都非遗文化为己任，利用学校的优势开发漆器、蜀锦、蜀绣、古琴、竹编、木版年画等课程，或者将相关的非遗柔性引入普通课程中，打造特色课程。

例如川剧，从古至今都在散发着它独有的文化韵味与艺术内涵，是一座蕴藏无穷尽艺术的宝库，是巴蜀文明在当代的艺术呈现，是天府文化的重要支撑。传承以川剧为代表的成都传统音乐、戏曲、舞蹈类“非遗”，在文化传播的新浪潮中坚守传统艺术不褪色具有重要意义，例如，龙舞、弦子舞、灯戏、羌笛演奏等。

瓷胎竹编是成都地区独特的传统手工艺品，起源于清代。瓷胎竹编产品技艺独特，以精细见长，具有“精选料、特细丝、紧贴胎、密藏头、五彩图”的技艺特色。为切实加强传统手工艺的保护和传承，有条件的高校应请非遗传承人向学生传授瓷胎竹编的技巧和要领，让学生设计制作出自己的作品，还可以将作品进行展览交流。

成都的非物质文化遗产资源种类很多，各高校应根据学校特色选取合适的资源进行重点传承和发展。学校在实践中一定要明确传统文化应遵循“在发展中实现保护、在创新中实现传承”的发展理念，注重对“非遗”中现代性与价值的挖掘。

三、非物质文化遗产引入展示设计教学的基本思路

（一）设计思想的教学

实物类产品一直是高校展示设计课程的学习重点，也是展示设计市场的主流方向。实物类产品展示与“非遗”展示的不同在于以“物”还是“非物”为主。这里所说的“非物”是指口头表述，表演艺术，社会风俗、礼仪、节庆，传统的手工艺技能等。“非遗”也常常有必要的物质载体，如工具、道具、制作出的器

物、文化表演场所等，所以展示设计也需要利用“物”来衬托，表达“非物”，这些物品也是“非遗”文化的一部分。

非物质文化遗产在展示方式上要与实物类产品展示设计有明显区别，因为不同的展示对象要求有不同的展示方式。无形的非物质文化遗产更需要现场演示等形象地表现，注重“活态”的展示。教学生做非物质文化遗产的展示设计，首先要理解“非物”的展示设计要求，更新设计观念。

（二）“非遗”进课堂

在国内大部分学习这门课程的学生都是设计类的学生，想要在一门课的有限学时内掌握展示设计的全面知识是不可能的。例如，四川师范大学数字媒体艺术专业的“展示设计”课程仅有64学时，这种情况在国内十分普遍。因此，要利用好这几十个学时，抓住重点、提高效率、带动兴趣、加深印象地开展这门课程。

在课程前期组织学生看会展、非物质文化展示馆、示范园区、博物馆等，有助于在学生头脑中迅速形成概念。邀请非遗传承人客串到课堂中现场演示其技能，让学生在传承人的指导下实际体验，此举可以让学生加深对展示目标的认识与理解，为后期进行针对性的展示设计建立牢固的基础。

建立“非遗”第二课堂不仅为全校学生提供了学习机会，而且对非遗展示设计的学习也提供了重要的补充。学校可与非遗传承人合作，邀请非物质文化遗产传承人来学校创作与教学，以社团或者选修课的方式吸纳学生；培养学生的动手能力，让学生既有精妙的思维，又有熟练的手艺；发挥师傅教徒弟的作用，培养年轻传承者。

（三）用新形式展示传统文化

现在，以实物、图片、文字为代表的静态展示已经不能适应新时代展示设计的需求，应用数字媒体技术调动观众的积极性是行之有效的方法。运用数字媒体技术设计的展示要素可以提供来自视觉、听觉、触觉等感官的体验。例如，为非物质文化遗产项目拍摄专题宣传片、制作三维动画展示等，传递非遗知识，展示非遗技艺。通过 VR 技术对珍贵工艺品和文物进行全方位观察。利用 AR 技术，在川剧的展示中可以实时地将观众融入虚拟舞台中，与专业演员“同台演出”，调动积极性，提升趣味性。

交互设计的应用为展示设计增加了趣味，人们乐于在交互的体验中接受信息，从而无形地增强了传递信息的效果。交互设计运用在非物质文化遗产展示设计中具有其必要性，因为“非遗”是无形的，但可以在交互中真切地感受。基于交互技术的展示设计，注重以参观者为中心的“体验设计”，它改变了传统展示设计的单向性，提高了观众的参与度。

学生的课程作业可运用 720 云等全景制作软件或平台生成交互的全景作品，可提高作品的表现力与真实感。如果学时充足，可以教学生制作，制作的关键步骤为将展示空间渲染成 360°全景图，导入全景合成软件，再添加互动热点和音效等。生成的内容可用计算机查看，也可用手机扫描二维码查看，还可配合虚拟现实眼镜实现 VR 效果。

（四）课程实施

课程实施分为五个阶段：第一阶段，使学生了解展示设计，了解成都非物质文化遗产。第二阶段，让学生掌握展示设计的要素、程序与方法，主要有空间规划、展品陈列、展示道具设计、色彩设计、照明设计。第三阶段，让学生观摩社会上和往届学生的优秀展示设计案例，利用对案例的分析，让学生明白自己下一阶段要做的设计应该怎样进行。第四阶段，命题练习，学生根据老师指定的题目方向进行方案设计。在这一阶段要强调调研的重要性，让学生在设计之前对设计目标有足够的了解并做好资料准备工作。设计方案上讲台讲解，师生共同讨论修改。第五阶段，设计方案三维表现。运用三维设计软件建立模型、灯光、材质，生成效果图或三维漫游动画。

最终作业为 PPT 文件，内含调研、设计理念、设计方案、平面图、效果图等。老师根据作品的创新程度、作品质量及学习态度给出成绩。

成都非物质文化遗产展示设计规划要引导学生合理安排系统认知、参观表演、参与体验三个环节的次序与节奏，动静结合地将观众带入设计师预想的情境中，达到良好的参观效果。系统认知主要通过文字、图片、实物进行展示，其信息传递的特点是明确、全面，让观众有足够的时间边观看边思考。参观表演主要通过实物、现场操作、演出、视频、全息影像等元素展示，特点是容易接受、轻松、形象。参与体验环节是最有吸引力的环节之一，可以增强信息传达效果，使观众记忆深刻。

例如，体验制作成都竹编、蜀绣，制作的作品自己可以带回家。通过虚拟现实技术、增强现实技术体验川剧表演，仿佛置身戏中。

又如，川剧文化展示设计作业，要求学生独立设计一个展示设计方案，面积 100 平方米以上。要求：①空间合理布局，根据主题方案分为多个展区。空间造型要体现出展示目标的艺术特征，从川剧服饰、道具甚至表演中提取造型语言用于展厅造型。②要求色彩设计自然、协调，有利于突出展品。部分色彩应来源于川剧服饰、戏台等事物，以营造统一性。③充分利用灯光的不同明暗程度、色温对比营造出不同的氛围，烘托展品。④鼓励运用多种数字媒体技术增强展示效果，让人们多方位地感受川剧艺术的魅力，提高展示的互动性和体验性。⑤在设计中，强调真实表演的重要性，要求学生重点考虑表演这一展示要素。划分出特定区域让观众可以观看川剧表演，表演空间设计的风格应与传统的川剧戏台风格相近。学生设计的川剧文化展示和表演展示空间如图1和图2所示。

图1　学生设计的川剧文化展示

图2　学生设计的川剧表演展示空间

四、在展示设计课程中引入“非遗”的意义

在高校中的传承和发展，为成都非物质文化遗产的保护与传承注入了新活力。这将提升成都“非遗”文化海外传播与发展的速度，有利于吸引更多对传统文化和非物质文化遗产感兴趣的海外人士来蓉参与项目、亲身体验成都文化的魅力。这是成都走向世界、面向未来的人文基础。

校园文化是社会文化的重要组成部分，是社会先进文化的重要源头，也是社会先进文化的创新基地。将地方非遗融入校园不仅能够丰富校园文化，还有利于校园文化建设的发展和创新。在课程中引入“非遗”教育能增强学生的文化认同感和自豪感，使学生在多元化背景下对本土文化有更具体、更深刻的认识。打造非遗特色教育有助于高校构建完善的课程体系，丰富课程内容，使学生获得更全面的知识与实践锻炼。

参考文献：

[1] 王峥. 展示设计 [M]. 北京：中国纺织出版社，2013.

[2] 赵凌. 非物质文化遗产博物馆展示设计教学研究 [J]. 大众文艺，2018 (23).

[3] 姜一. 展示设计应用型课程教学改革初探 [J]. 美术教育研究，2019 (3)：156－157.

[4] 卢建. 信息技术时代 3C 产品展示设计新特点 [J]. 现代装饰（理论），2013 (8)：99.

高等师范院校美术学专业国画语言研究课程的阶梯式教学研究

——以川师美院为例

李彦瑾

四川师范大学美术学院

摘　要：中国画是我国最具代表性的传统艺术形式，是我国优秀传统文化的组成部分，其底蕴之浓厚，非通过有限的课时就能习得之精华。在高师院校的教学中，如何准确把握中国画的文化内涵、艺术价值、审美素养以及国画语言的表达，是教师必思的内容。基于此，通过川师美院的国画语言研究课程的现状分析，提出阶梯式的教学展望。

关键词：中国画；课程；阶梯式

中国画作为我国优秀传统文化的组成部分，从基础教育阶段到高等教育阶段都是必不可少的教学内容。国画语言研究是高等师范院校中美术学专业必不可少的一门学科，不论是部级院校还是省属院校乃至专科院校，进入美术教育行业，学习中国画是必经之路。

一、国画语言研究系列课程教学现状

（一）课程设置

根据基础教育改革新趋势、新动向，以及中学教师专业标准、教师教育课程标准和美术学专业教学相关标准要求，我院设置了中国画基础、国画语言研究 1、国画语言研究 2、国画语言研究 3、中国传统书画研究、书法与篆刻，共计六门课程来搭建国画语言研究这个体系。以上六门课程的学分分别是 3、3、3、4、3、2，共计 18 学分，占美术学专业总学分的 11%。由比例可以看出该系列课程对美术学专业学生的重要程度，其对支撑专业培养目标起到了不可或缺的作用。本专业学生具有良好的人文艺术素质与表达能力、高度责任心、文化传承使命感，具备宽厚的美术学专业基础知识，掌握美术基本技能，有较强的美术教育实践能力、美术鉴赏能力和探究精神。本专业能促进区域基础教育事业发展的美术师资人才的培养，使学生熟悉基础美术教育实践现状，具有从事美术教育和教育管理的基本能力和初步经验，能够胜任基础美术教育课程。

（二）课程结构

国画语言研究系列课程分别在三个模块中：中国画基础为学科平台课；国画语言研究 1、国画语言研究 2、国画语言研究 3、书法与篆刻为专业核心课程；中国传统书画研究为学科素养提升课程。三个模块结合，形成梯度学习的过程，设置合理。

（三）课程内容

课程内容注重基础性、科学性、实践性，引入基础教育课程改革和教育研究最新成果、优秀中学教育教学案例，并能够结合师范生学习状况及时更新、完善课程内容。

1. 中国画基础

通过理论结合实践的教学方式，使学生全面了解中国画艺术的发展概况及其艺术成就，深入了解中国画的专业特征及其重要地位，并使学生具备较强的欣赏能力和实践能力。通过欣赏、临摹、实践等环节，让学生初步掌握中国画造型的基本规律和基础技法，并具备一定程度的创作能力和审美经验，为从事美术教育专业的学生奠定中国画绘画与表现的基础，以适应中小学美术教育的需要。

2. 国画语言研究 1

通过理论结合实践的教学方式使学生掌握中国写意花鸟画和工笔花鸟画的基本发展历程、表现技法与学习方法，并在临摹、写生和创作（写生稿整理）实践环节通过大量笔墨训练，熟悉并掌握花卉、鸟虫等的形态表达能力，从而提升学生对传统花鸟画的审美修养和实践技能，开展基础美术教育中关于中国花鸟画的各类鉴赏、实践活动，具备初步的研究能力、探究精神和教书育人的综合能力。

3. 国画语言研究 2

通过理论结合实践的教学方式使学生掌握山水画的基本发展历程、表现技法与学习方法，并在临摹、写生和创作（写生稿整理）实践环节通过大量笔墨训练，全面熟悉并掌握山水画的石法、树法、水法、点景法，从而提升学生对传统山水画的审美修养和实践技能，开展基础美术教育中关于中国山水画的各类鉴赏、实践活动，具备初步的研究能力、探究精神和教书育人的综合能力。

4. 国画语言研究 3

通过本课程的学习，让学生了解中国人物画的发展历程，初步掌握工笔人物与写意人物的临摹与写生方法和步骤，懂得中国人物画的章法和笔法，能够有意识地处理客观真实与主观表达的关系，具备宽厚的中国画人物的相关基础知识，并能合理运用一定的绘画表现语言，有较强的美术教育实践能力，能胜任基础美术教育阶段中与中国画人物相关的鉴赏、实践等教学工作。

5. 书法与篆刻

通过该课程的学习，使学生系统了解书法与篆刻发展的流变过程，熟悉各时期重要名家及其代表作品。通过书法实践学习，掌握篆书、隶书、楷书、行书的基本笔法特征和结体、章法；通过篆刻实践学习，掌握印文书写方法、印文的章法安排规则、篆刻工具的使用以及边款、钤印的方法和规则。使学生掌握传统艺术的技能和知识，感悟传统文化的深厚性和广泛性，从而拓宽和提升学生的知识面和文化艺术品位，能胜任基础美术教育阶段中关于书法及篆刻的各类鉴赏、实践等相关教学工作。

6. 中国传统书画研究

通过对中国传统书画艺术的深入研究，使师范生在掌握基本的国画实践语言基础上能有针对性地加强对中国画的理论与技法的深入探究，并进一步强化师范生的中国画审美鉴赏与创作实践能力，为从事基础美术教育专业的师范生打下坚实的中国画实践技能基础，具备初步的中国画教学研究能力和探究精神。

（四）课程实施

我院教师在国画语言研究系列课程中能够恰当运用案例教学、现场示范教学等方式，合理应用信息技术，提高师范生的学习效果。特别是一些技法的指导，一对一地进行。除了课堂内的教授，还建立了班群和年级群，对部分问题做到及时的网络解答。

对课程的考核，我们严格按照教学大纲执行，平时成绩占20％，期末成绩占80％。

（五）课程评价

对课程的评价是由学生、教师、本专业领域专家、各级督导共同来进行的。定期进行评价，并根据合理性的建议进行修订。

二、国画语言研究系列课程存在的问题

（一）学生的传统文化基底薄弱

目前美术院校的学生，皆是通过素描、色彩等科目的考试进入高等院校进行学习的，对国画这个不考试的内容不太关注，国画方面的认识、积累都比较欠缺。因此，学科平台课主要是对国画材料的认识和熟悉，与素描、色彩较为熟悉的课程和知识点相比，国画学习的切入就会显得缓慢。素描和色彩知识体系隶属于西方，跟中国画的传统用线、用墨、用色是有极大区别的，在这种 3 个学分就要完成一个课程的学习情况下，有难度、有挑战，学生容易产生消极心理，在中国画的学习进展上可能会止步不前。

（二）教师的师范意识薄弱

美术学专业是培养基础教育一线教师，而非专业画家。因此，在国画系列课程中，并非单纯地像师傅带徒弟一样的传授技能技法，不能按照专业美院的教学方法来对待美术师范生。

（三）课程之间缺乏联系

六门课程分在三个模块中，分别是六个不同的内容，课程之间的关系并未在课堂中体现，也基本没有在教学大纲体现。每个课程的内容和目标是基于这一门课程或一个单元的，缺乏知识点之间的联系，让学生获取的仅仅是支离破碎的知识、零散的技能。

（四）评价主体不够完善

课程的评价主要是参与者，学生或老师，或督导。但由于课程支撑学生能力，学生的能力支撑就业，我们需要全方位地了解用人单位对所培养的学生、所开课程的评价。

（五）课程缺乏培养终身学习能力的途径

终身学习的理念已经深入教师的教育观念，课程的学习和培养的目标不能只是学习知识、训练技法，更重要的是要培养学生终身学习的能力。

三、阶梯式教学让国画语言研究系列课程从了解走向理解

（一）课程目标设定的阶梯式

在第二学期的中国画基础课程中，我们应该让学生初步了解中国画的材料的特性，临摹习得中国画线条的方法，白描可以选择基础范本进行摹写，可放宽对掌握写意技法的要求。写意的临习，主要是为了了解纸性、墨性等。这样让学生获得信心，从而进入下一阶段的学习。

在第三学期的国画语言研究 1 课程中，主要内容是中国花鸟画。本阶段课程目标应先以工笔为主，用中国画基础学习过的白描作为先修知识，再深入地了解白描表现形体的方法。让课程目标长短结合，呈现连续性和阶梯性，且强调长期目标的优先次序。

（二）课程内容选择的阶梯式

在第三学期的国画语言研究 1 课程中，主要内容是中国花鸟画。在第四学期的国画语言研究 2 课程中，主要内容是中国山水画。在第五学期的国画语言研究 3 课程中，主要内容是中国人物画。我们应该借鉴基础美术教育的教材编写思路，来选择教学内容，从了解慢慢达到能理解、能应用，让其呈现阶梯式。

比如，人美版 7 年级下的第 7 课《中国画的笔墨情趣》，有人物画《泼墨仙人图》，有花鸟画《双鸡图》，有花鸟画《杂画册之一》。对于笔墨情趣，我们的花鸟、山水、人物这三科都会有

所体现。那么我们在美术学专业的这三个课程中，在例图的选择上，要选择基础美术教育教材中经常出现的经典图例来进行详细分析，并运用费德门的四步鉴赏方法来进行引导。

又如，第 1 课《艺术源于生活，高于生活》，有花鸟画《虾》，有山水画《长城颂之六》。它将中国画乃至美术能表达的最高境界作为主题，延展知识。这是符合当下强调的对大概念的深入理解。

（三）课程实施的阶梯式

对于国画科目来说，我们是按照由简到难的过程来进行安排学习内容的。教师需要引导学生在材料、花鸟、山水、人物的学习过程中，懂得大概念的迁移。在一个阶段，比如写意的笔法上，练习许久，未能进步，在这种情况下，需要解决起笔、回笔、收笔等问题，理解难点，就会再上一个阶梯。又如，在临摹传统的过程上，会花很多时间，在近现代的上品的国画实属不多的情况下，需要有鉴别能力，以便选择后一个阶段的临习对象。我们的目的是使学生在今后自己的教学中真实地反映能力，并得心应手地生活，而不是只懂技法、只会画画。

（四）课程评价的阶梯式

学习者和教师对课程的评价作为课程合理性评价标准之一，是无可厚非的。另外，还需要教学管理者、用人单位等的中肯评价。课程的设置、目标的设定不单单是教师和学生二者之间的事情。应根据国家政策、教学质量标准等，将学生所获得的能力分解为每个课程所习得的内容。这也是目前评估、评价、认证都认可的一种方式。

总之，高等师范院校美术学专业国画语言研究课程采用阶梯式教学，可让学生临摹习得一些技能技法，用大概念贯穿整个国画语言研究系列知识，用师范生的教学技能独立地解释所学的内容，展示作品的学习过程，完善自我，获得终身学习的能力。

参考文献：

［1］佛里德里希·席勒．审美教育书简［M］．北京：北京大学出版社，1985.
［2］教育部．国家中长期教育改革和发展规划纲要（2010—2020年）．2010.
［3］张利群．高校中国画教学改革分析［J］．美术教育研究，2019（4）：134－135.
［4］张进平．刍议综合性大学美术教育专业课程体系优化策略［J］．教育艺术，2013（1）：383.
［5］李宝伟．新形势下高校中国画教学的现状与改革研究——评《国画教学》［J］．高教探索，2020（1）.

普通本科院校双语教学课程建设的思考

龚　雪
四川师范大学外国语学院

摘　要：本文根据近20年来普通本科院校在双语教学课程建设方面的现状及存在的问题，从普通本科院校的实际情况出发，提出普通本科院校双语课程建设应注重校内合作的建议。针对双语课程建设的主要制约因素，结合双语课程建设的经验，给出校内合作的一些具体措施。

关键词：普通本科院校；双语教学；合作教学

2001年，教育部按照“教育面向现代化、面向未来、面向世界”的要求，为适应经济全球化和科技革命的挑战，做出了高等院校要使用外语进行公共课和专业课教学的重大决策[1]。在之后的几年内，教育部陆续出台了一系列关于双语教学的指导性文件。在2004年教育部“教高〔2004〕21号”文件中对“双语教学课程”做了统一界定，即双语教学课程是指“授课课程采用了外文教材并且外语授课课时达到该课程的50%以上的课程”[2]。2007年，教育部正式启动双语教学示范课程建设项目。按照分批建设的原则，从2007年至2010年总共支持建设500门（实际建设503门）双语教学示范课程。近二十年来，全国各高校纷纷响应教育部的号召，积极开展双语教学的探索与实践。在教育部及各级教育部门的资助下，一大批双语教学精品课程被迅速建立起来。然而，值得指出的是，由于受到师资队伍、学生外语水平、经费支持等方面的限制，如今我国高校双语教学课程建设仍存在一些实际问题。

笔者整理了从2007年至2010年教育部公布的国家级双语教学示范课程。从立项情况看，拥有双语教学示范课程的高校共212所。其中非211工程院校数虽占比52.8%，然而，他们的双语教学示范课程仅有148门，只占全部立项课程数503门中的29.4%。此外，西部地区拥有双语教学示范课程的高校共45所，占比仅为21.2%。从拥有双语教学示范课程数的排名来看，西部高校中仅有西南财经大学一所高校排名进入了前30%。由此，笔者认为，我国高校双语教学目前最显著的问题是重点大学与普通高校发展不均衡，东西部地区差异明显。

一、制约双语课程建设的主要因素

从目前已有文献关于本科双语教学的调查分析来看，制约双语课程建设，尤其是导致普通本科院校双语课程建设滞后，东西部高校双语教学发展不均衡的主要原因有如下几个方面。

（一）师资力量

学界认为是否能开展双语教学，学校的师资起着决定性作用[3-5]。李振国、谷焕焕指出“师资水平和教师积极性是影响普通本科院校开展双语教学的首要因素”[3]75。韩立新、于诗卉针对双语教学教师的问卷调查显示，“超过60%的人认为教师自身的英语能力问题是双语教学改革所面临的首要困难”[4]。近年来，随着改革开放的不断深入，国际交流合作的广泛开展，大量有国外留学背景和工作背景的专家学者回国成为高校教师。但不难发现，这些具有过硬语言能力和扎实专业知识的教师多分布在国内985/211高校，在普通本科院校就职的仍占少数。此外，有国外学习或教学经历的教师多为青年教师，他们具有较高的专业英语水平，但缺乏双语教学经验。因此，普通本科院校中能顺利开展双语教学的师资力量仍然不足。

（二）学生外语水平

学生外语水平直接决定了双语教学能否顺利开展是学界的普遍共识[4−6]。要能顺利进行双语教学，“学生的外语水平要达到不仅能听懂学科内容，而且还要能表达自己学到的内容（比如回答教师问题、做作业、考试等）的程度”[6]77。这要求学生必须能熟练运用专业外语。然而目前大学外语教学模式侧重应试能力的培养，大学英语教学“推行的四、六级考试过于强调普通英语水平的测试”[7]39，对学生实际运用第二语言的能力培养有所欠缺。受生源的影响，普通本科院校学生的外语水平相比重点院校更低，灵活运用外语获取专业知识及学术交流的能力不足。

（三）专业课程教材及课程设置

在双语课程建设中，学者们普遍认为教材的选取非常关键[3−5]。双语教学中带来语言障碍的因素之一是没有选用适合学生的专业英语教材。目前，专业课程双语教材的使用主要分为三类：①引进原版外文教材；②国外的教学参考资料；③国内编写的外文教材或讲义[4]39。尽管外文原版教材以及国外教学参考资料和讲义保持了语言方面的纯正性，但原版教材内容的容量、深浅程度往往与国内高校课程内容的衔接方面有出入，课程标准与规范性也可能存在差异[8]。即使找到合适的原版教材或教学参考资料，高昂的成本也使得其难以在普通高校推广。因此，根据各高校学生的实际情况，自主编写双语教材是比较可行的选择。但国内双语教材建设时间较短，有撰写专业外语教材经验的教师较少，特别是普通高等院校此类情况更为严重。

（四）资金投入

与985/211高校相比，普通本科院校在建设双语教学课程方面还存在资金投入不足的问题。由于受地方财政教育支出、学校办学条件等因素的限制，地方普通高等院校特别是西部地区普通本科院校在双语教学方面的投入不够。一方面，由于地域和资金的限制，西部地区普通本科院校在吸引具有双语教学潜质的归国留学高端人才方面处于相对劣势，这些高校开展国际合作也困难重重；另一方面，由于资金短缺，高校在资助本校教师出国进修及鼓励本校教师双语课程建设方面的力度不够，导致教师进行双语教学的积极性不高。

二、普通高校提升双语教学质量的建议

鉴于双语课程建设中面临的现实困难，笔者认为，加强校内院系合作，整合教学资源，革新教学理念，合力打造双语精品课程，是省属一般本科院校在现有条件下加强双语课程建设、提升双语教学质量和教师综合素质的有效途径。徐剑英、张雪红、胡吉祥从大学英语 ESP 转型的角度以新闻英语为例，提出了六种大学外语教师与专业教师的合作模式[10]。下面笔者将结合自身参与本校建设数学专业“运筹学”双语教学的经历，详细阐述外语教师与专业教师合作的具体措施，部分措施与文献［10］中提出的合作模式有所不同。

（一）组织校内双语教学培训

双语教学的主要目的是培养学生的专业文化素质，使其掌握学科前沿知识。因此，双语教学的组织者需由具有扎实专业功底的专业课老师担任。这些老师专业知识扎实，但双语教学经验不足，主要表现在运用外语进行授课的课堂语言组织能力欠缺。胡丹、刘丽权根据其九年双语教学督导检查的结果归结出双语课堂教学语言中普遍存在“反馈语缺失，课堂语言组织低效，情感缺失及不良语言习惯”[11]。课堂教学语言运用不熟练或不准确将极

大地影响学生的接受程度，导致课堂教学效果达不到预定目标。与专业课教师不同，外语学院教师长期进行双语教学，英语语言表达能力强，双语教学经验丰富。因此，在双语课程建设中可抽调外语学院教学经验丰富的教师对专业课教师开展双语教学培训，系统地讲授双语授课中的相关技巧。通过借助外语教师的教学经验，在专业课教师无须出国进修，学校无须专门引进外国专业课程教师的情况下，可有效提高校内专业课程教师的双语教学能力。

（二）合作开展双语课堂教学

合作教学，也称为团队教学，是由一位主讲教师和一位或多位教师或教学助理人员，组成教学团队，同时在一个课堂上以合作的方式就某一领域开展课堂教学活动[12]。在双语课程教学中，传统的一个教师讲授一门课程的单一教学模式不足以满足双语教学的要求，应考虑由外语教师和专业课教师合作分工完成课程教学。在合作教学的新模式下，外语课程教师与专业课程教师能实现优势互补，互相促进。

在具体教学活动中，外语教师可从语言教学的角度出发，加强专业外语重要知识点的讲解，如专业外语构词法、科技文献阅读、科技文献写作、专业英语口语等。以笔者参与的本科生数学专业“运筹学”双语课程中涉及的专业词汇为例，数学专业词汇中有很多合成词，如“univariate，multivariate，hyperplane”等，同时涉及大量的词性变换，如“linear，linearly，linearity”等，在专业英语中还常用到否定形式的派生词，如“infinite，independent，unfeasible，unconstrained”等。外语教师可以在双语教学过程中抽出少部分课时从语言学的专业角度对这些英语知识进行系统的讲解。学生在学习到这些语言知识后可以举一反三，加快和加深对专业外语知识的学习和理解。

与此同时，外语教师还可以参与双语课程的专业知识教学课堂，在双语教学课程中向专业课老师学习专业外语知识。由于外语教师有很强的语言学习能力，在教学活动中能很快掌握相关课程的专业外语，并在课堂教学中发现专业课程教师在教学活动中口语和书写中存在的问题。这样可以及时有效地更正专业课程教师双语教学过程中存在的问题，从而提高专业课程教师的课堂教学效果。

此外，专业课教师和外语教师可以合作组织与学生互动性较强的讨论课。在课堂互动教学方面，外语教师的语言优势有助于组织全外语模式下的专业知识讨论。但外语教师专业知识不足，需要专业课程教师的协助。以“运筹学”双语课程为例，在教学环节中笔者和专业课教师增设了小组报告环节。学生以三人为一个小组，针对某个实际问题展开研究，运用运筹学中的数学方法建立模型求解，并用专业学术报告的形式呈现给大家。在报告环节，外语教师和专业教师分别从语言表达和专业知识两个层面对报告进行点评。这种教学模式极大地提高了学生的学习兴趣，同时也提高了学生的学习效率，锻炼了学生的科学研究能力。

（三）合作制作慕课

2019 年，教育部在一流课程的双万计划中明确提出“建设具有高阶性、创新性、挑战度的线上、线下、线上线下混合式课程”[13]。双语教学课程建设过程中可以考虑采用线上线下混合式教学模式。外语教师可以参与双语教学线上课程的制作，与专业课教师共同努力提高线上课程质量。以“运筹学”双语课程建设为例，笔者及团队成员在录制双语慕课的过程中发现，外语教师的现场指导能提高双语课程的录制质量和制作速度。在录制现场，专业课教师课件内容和授课过程中出现的语言性错误可以被及时发现和纠正，提高慕课中教学语言的准确性，避免录制之后烦琐的修正工作。

（四）合作改革外语教学

俞理明、袁笃平提出双语教学是改变应试型大学英语教学的途径[6]75。长期以来，大学外语教学以应试教育为主，没有充分考虑到学生的专业需求。传统的外语教学的教学目标和教学重点集中在提升学生的语言知识的学习，忽略了培养学生的综合素质。近年来，尽管很多高校都建设有双语教学课程，但大学外语教学与双语教学各自为政，两者相辅相成的关系没有真正意义上统一起来[14]。外语教师和专业课教师合作建设双语课程的同时，应从学生专业能力发展和提升国际竞争力的角度积极革新外语教学理念和教学内容。

参与双语课程建设的外语教师，由于从专业课双语课堂上学习了专业英语知识，具备一定的专业文化素养，使得他们能在公共英语教学过程中提供更多与所教授的学生专业相关的外语知识。专业课程教师也可以为外语教师提供专业知识方面的指导，为外语教师提供适合外语教学的专业外语教学素材。以数学专业学生为例，外语教师可在阅读课中引入数学史、学科专业综述、外文文献等作为阅读练习；在听力教学课程中，可将国外名校数学课堂教学视频的剪辑片段作为听力训练素材；在口语练习中，组织学生用外语介绍自己的专业知识。在外语课堂训练方面更多地引入与学生专业相关的外语材料，使外语教学更具有针对性，更注重实用性，真正做到因材施教。

教育学研究表明，一门语言课的内容越接近学生的功能需要，语言教学就越有可能取得好的效果[15]。专业类双语教学课程的开设使学生意识到学习外语知识的必要性，从而有助于提高学生学习英语知识的自主意识。外语课堂融入专业科普知识，有利于提高学生的学习兴趣，有利于学生在语言课堂发挥自己的专业特长，有助于提高学生的课堂互动积极性，使翻转课堂具有更多的可操作性。通过专业课教师和外语教师的教学合作，外语教学有机会实现从应试教育向 ESP（专门用途英语）教学转变。

（五）合作撰写外语讲义或教材

由于原版英文教材存在不适合我国本科生教学，不符合我国高校课程教学大纲的要求等具体问题，因此，笔者认为撰写适合本学校的专业英语教材是有利于专业双语课程顺利开展的有效措施。专业课程教师，尤其是普通本科院校教师在撰写英语教材方面缺乏经验。学校可组织专门的专业英语教材编写团队，让专业课程教学经验丰富的老教师、专业英语过硬的专业课程青年教师和英语知识扎实且具有编著英语教材的英语教师一起合作撰写英语专业课程教材。英语教师可根据学生的实际英语水平从整体上把握英语教材中英语表述的难易程度，使英语教材在保证专业知识的系统性和前沿性的基础上兼顾可读性。英语教师在双语教学活动中的充分参与也有利于英文专业教材的撰写。

三、总结

在教育部大力推行一流本科教育与一流课程建设的背景下，笔者认为地方高校应从自身实际情况出发，整合优化学校师资，推进学校一流双语课程建设；加强院系合作，打破传统教学理念和教学模式，让英语教师参与到双语教学的课程建设中，合力打造双语教学样板课程和精品课程；在双语教学课程建设过程中培养优秀师资力量，促进教师专业发展；利用双语教学激发学生的学习兴趣，开阔学生的国际视野，全面提升学生的国际竞争力。

参考文献：

[1] 教育部. 关于加强高等院校本科教学工作提高教学质量的若干意见[Z]. 2001.

[2] 教育部. 普通高等学校本科教学工作水平评估方案（试行）

[Z]. 2004.

[3] 李振国，谷焕焕. 普通高校大学生双语教学现状调查——以湖南科技大学为例 [J]. 教育教学论坛，2017 (43)：74－75.

[4] 韩立新，于诗卉. 高校双语教学改革的若干问题思考 [J]. 教育科学，2013 (29)：35－41.

[5] 王建光. 提高我国大学专业课双语教学水平的探究 [J]. 教育科学，2009 (25)：34－37.

[6] 俞理明，袁笃平. 双语教学与大学英语教学改革 [J]. 高等教育研究，2005 (26)：74－78.

[7] 李丽生. SCLT 教学模式及其对我国大学英语教学改革的启示 [J]. 外语界，2002 (4)：36－40.

[8] 刘卓林. 双语教学存在的问题及教学模式评价 [J]. 南京理工大学学报（社会科学版），2005 (18)：55－58.

[9] 马蕾，于花. 高等教育国际化背景下实施双语教学的探索与思考 [J]. 教育理论与实践，2009 (29)：59－60.

[10] 徐剑英，张雪红，胡吉祥. ESP 转型下大学英语教师与专业教师的合作教学研究——以《新闻英语》为例 [J]. 外语教学理论与实践，2017 (1)：67－71.

[11] 胡丹，刘丽权. 双语课堂教学语言的问题与对策 [J]. 教育学术月刊，2009 (6)：104－106.

[12] Brumby S，Wada M. Team Teaching [M]. Hong Kong：Longman，1991.

[13] 教育部. 关于一流本科课程建设的实施意见 [Z]. 2019.

[14] 叶建敏. 做好大学英语教学向双语教学过渡的接口工作——一次将基础英语和专业英语融合一体的教学尝试 [J]. 外语界，2005 (2)：69－72.

[15] O'Neil H F. Learning Strategies [M]. New York：Academic Press，1997.

建构探究式的中国古典舞袖舞教学
——高校舞蹈专业学生内在学习动机的激励

熊　曦
四川师范大学舞蹈学院

摘　要：学习动机在来源上可分为内在动机和外在动机。内在动机是指学生的学习目的源自学习本身。现今高校舞蹈专业学生在学习中国古典舞袖舞时多以被动为主，课堂上，越来越多的学生在教师的怒目下，毫无兴趣地挥舞长袖；课后，除非教师强行要求，越来越少的学生主动投入进一步的学习和训练中。如何在课堂上实施探究式教学，以实现学生外在动机到内在动机的转化？本文基于笔者对探究式教学实验的反思，就教学方法的转变和教师角色的转变进行深入分析和探讨，以期为实现高校舞蹈专业学生学习内在动机的激励提供支持。

关键词：内在学习动机；探究式教学；教学方法；教师角色；中国古典舞袖舞教学

中国古典舞袖舞历史源远流长，是兼表演性、技巧性、观赏性、审美性为一体的传统舞蹈形式。为进一步提升本科生的知识技能、文化修养、审美感知力和综合能力，自 2010 年，各综合性大学的舞蹈专业院系逐渐把中国古典舞袖舞设定为专业必修课之一。发展至今，袖舞课程教学始终面临着学生学习被动的困境，且在近几年日益严重。课堂上，越来越多的学生在教师的怒目下，毫无兴趣地挥舞长袖；课后，除非教师强行要求，越来越少的学生主动投入进一步的学习和训练中。学生认为学校中的课程学习与他们所感兴趣的舞蹈毫无关系，因而完全没有积极性，毫无生气地在教室中完成学习和训练。

学习动机在来源上可分为内在动机和外在动机。内在学习动机是指学生的学习目的源自学习本身。换言之，就是在没有外在奖励和负面压力下，学生因好奇心、满足感等内在因素，自主投入学习。而外在动机则与内在动机相对立，即通过奖励、惩罚等行为，刺激和诱发学生进行学习活动。基于外在动机的学习依赖于教师、学校、家长等外部条件，其特点是速效性、短时性和被动性。这些奖励、惩罚或者规章制度一旦消失，学习行为也会随之停止。学生在中国古典舞袖舞课堂上的表现，显然倾向于基于外在动机的学习。他们参与训练的原因，多源自教师的督促，甚至逼迫。为了实现学生学习外在动机到内在动机的转变，笔者进行了为期两年的教学实践，并在不断的反思中发现，采用探究式的教学可以激励学生的学习内在动机。探究式教学与常用的传统教学相比，其实施依赖于教师思想上的转变。本文将基于笔者对教学实践的反思，就教学方法的转变和教师角色的转变进行深入分析和探讨。

一、教学方法的转变

实现被动接受到主动探究的重要转变，是以引导式教学代替灌输式教学。传统认知中，舞蹈教学被定义为教师向学生“传授舞蹈知识的过程”[1]。这种对教学的诠释，在很大程度上体现出对灌输式教学法的强调。对于灌输的诠释，可以借鉴英文单词spoon-feed，即一勺一勺地喂，主动与被动显而易见。同理，教学中的灌输可被定义为“教师教，学生被教”[8]36。具体而言，教师是舞蹈知识的传授者，也是教学的主体。在备课时，教师对某一舞姿进行分析和理解，梳理出重要的知识点，包括该舞姿的形态特征和肢体配合方式，部分细心的教师还会归纳总结出舞姿的形成历史及其所蕴含的文化内涵。授课时，教师按照自己的认知向学生进行舞姿动作的示范和讲解，并向学生提出掌握此舞姿和相关知识点的要求。学生自然成了整个环节中被动接受知识的客体。他们被要求在课堂上温顺地听，不加思考地模仿，并按照教师的指令和方法掌握知识。值得强调的是，这里的掌握并非理解或运用，而是机械地记忆。例如学习绕袖技法时，学生必须牢记“以肘为轴，小臂顺时针或逆时针完成平圆轨迹的运动”，却不明白学习绕袖的意义是什么；学习藏族舞体态时，必须牢记“俯身体态的形成与藏族地理环境、劳作方式及传统服饰有密切联系”，却不明白舞蹈与藏族人民的生活有什么联系；学习现代舞时，必须牢记“收缩与放松是玛莎格莱姆体系的核心要素”，却不明白该体系的形成和发展对自己有什么意义。由于教师承担着所有的思考和“填鸭”工作，所以其教的行为便成了灌入；而由于学生被剥夺了思考的空间，所以其在整个教学环境中的任务则成为唯命是从地接受、输入和储存。

当教学成为一种储存的行为后，教师灌入得越多，就越容易被看作是好教师，而学生越温顺地让自己被灌输，越认真地完成储存工作，就越被看作是好学生。舞蹈训练中，学生往往一声不吭，在教师的督促下通过机械重复完成肌肉记忆，以掌握动作过程中标准的肢体配合。显然，只要采用灌输式教学，学生的学习就会倾向于依赖教师的外在督促，内在动机难以获得激发。如何避免灌输呢？可以用引导探究代替直接教授。

2012年出版的《Encyclopedia of the Sciences of Learning》把探究定义为通过“对知识的探索，对实例、事件的思考和质疑，以及对涉及公共利益议题的调查和研究”[6]，从而发现事物发展的起因和事物内部的联系等属性。在此基础上，探究学习可以理解为在教师的引导下，学生通过阅读、观察、实验、思考、讨论等学习方法和策略对事物进行主动探索，自行发现规律，形成概念，从而实现对知识信息、原理、概念、观点的理解，建构自己的知识体系。与灌输式教学不同，探究式教学要求学生参与到学习的过程中，更确切地说，是参与到思考、分析和得出结论的过程中。举例而言，在灌输式教学中，教师告知学生在完成直线扬袖的技法时，需要五指张开，以腰部的横拧之劲依次带动肩、肘、腕和指尖将袖梢向远推出，从而实现袖体在空中的直线形态。学生在脑海中记忆所有的步骤和要求后，根据储存的信息指挥肢体，通过大量重复，实现肌肉记忆，最终完成直线扬袖的技法。显然，完成这一技法的方法和途径仅此唯一，而这个方法是由教师摸索得出的，甚至是由教师从他的老师那里复制而来的。与之相反，探究式的教学中，完成直线扬袖的方法并不会直接传授于学生。学生需要观察和分析该技法的最终形态，参考已掌握的相关知识技能，并通过多次的尝试和反思，最终探究出符合自己的直线扬袖技法完成方式。整个探究过程由学生独立完成，教师仅在需要时提供帮助和启发。笔者在多次运用该教学方法后发现，激励学生独立探究的教学方式往往能够激发其学习的内在动机。抱怨袖技训练枯燥无味的学生明显减少。取而代之，学生沉浸在探究的乐趣中，对学习充满期望和兴趣。

探究式教学的研究可以追溯到 20 世纪初期，现代教育学创始人之一约翰·杜威提出思维五步法以及与其相应的教学五个步骤：真实经验的情景，真实的问题，相关资料的占有，引导学生展开并论证其假设，假设付诸实践。在一个世纪的历程中，无数的学术研究和教育实践使得探究式教学得以发展，也分支出不同的理论体系。然而，无论是约翰·杜威对参与实践的强调，维果茨基对学习者自身背景文化和社会的关注，还是保罗·弗莱雷对对话性教育的提倡，唯一不变的是以学生为中心的提问式引导。由此可见，在探究式教育中，提问代替了讲解。正如保罗·弗莱雷所说，讲解就像发表公报，剥夺学生思考和探究的机会；而提问却引导学生主动地对事物进行认识、思考和分析。

具体而言，“以学生为中心”和“引导”二词体现出问题设计的两个重要原则。“以学生为中心”意味着问题本身要与学生息息相关，即问题需引起学生的内在兴趣。而“引导”则意味着问题将刺激学生通过一系列复杂而系统的工作，将已有的知识信息和数据转化为有用的知识，以解决问题。举例而言，“圆场的规格要求是什么”无疑会把学生指向死记硬背规格要领的行为。首先，规格要求与学生自身并无太大的联系。对于他们而言，它意味着客观的标准和指令，换言之，教师握着唯一的正确答案。其次，圆场本身也犹如一个独立的碎片存在。它似乎与学生的其他知识没有任何联系。结果就是学生自然而然地选择等待教师公布正确答案，并机械地记忆。再来看看另一个问题：“有什么办法可以在完成圆场时保持上身的平稳?”很多学生在学习圆场的初期，都会面临上身不平稳的困境。这个真实问题显然更能引起学生的关注：找到解决这个问题的方法，我就能更好地完成圆场。与此同时，该问题的开放性给予了学生联系其他知识的空间。有哪些我已经掌握的动作也需要保持上身的平稳？是否有可以借鉴的元素？这些元素直接迁移到圆场就可以完全解决问题了吗？显然，第二个问题的设计更倾向于启发学生自主对“做圆场时上身不平稳”这个切身问题进行思考、分析，并探究出解决该问题的办法。

二、教师角色的转变

除了从灌输到引导，教师还需完成教师角色的转变，平衡传统课堂中的不平等师生关系。巴西教育学家保罗·弗莱雷曾以压迫者和被压迫者来描述传统教学中教师和学生的关系。他把压迫解释为“强有力的控制”[8]41，教学便是教师实施控制与学生接受控制的过程。在这种压迫的师生关系中，教师与学生相对立而存在。舞蹈课堂上，教师是知识的唯一掌握者。只有他明确动作的标准，知道舞姿背后的文化，掌握完成技术技巧的方法。因而，教学环节中，“教师作出选择并将选择加强于学生”[8]37。他决定教学内容、教学方式、教学节奏和教学目标等。与之相对应，由于被贴上了“无知”的标签，学生在学习中始终处于被赐予知识的地位。他们等待教师传授舞姿，讲解文化内涵，纠正错误。学生的绝对无知和教师的绝对权威，使得学生对教师始终呈现仰视的状态。“农民觉得低主人一等，因为主人好像是唯一懂事理并能处理各种事务的人”[8]24。当学生也接受和承认这种不平等关系时，教师的每一句话、每一个行为都变得不可置疑，其权威地位更是不可侵犯。“我说你做，我示范你模仿”的教学模式便是舞蹈教学中师生不平等关系的最好体现。当教师以专家的口吻告知学生“体现强烈的情绪需要用重复动作的方式”时，当教师以专家的姿态对一个舞蹈技术技巧的完成步骤和方式进行示范时，学生往往会下意识地把此类言语和行为上的指示当作信条，不加思考地接受和牢记。谁又会对无所不知且掌握唯一标准答案的权威专家提出质疑和挑战呢?

当教学处于教师强有力的控制下，学生往往会以被动接受代替主动学习和理解，其主观能动性无疑受到最大化的局限。因此，建构主动探究的课堂，教师需调整自己的角色定位，主动平衡自身与学生之间的关系，以缓和二者在传统教育中强势和弱势的冲突。教师应当意识到，学生才是整个教学过程中的主体。不可否认，这种转换并非易事。舞蹈教学发展至今，以教师为中心的口传身授已成为不可或缺的主要教学途径。教学中，教师习惯于进行一次又一次的肢体示范，以供学生模仿学习，也习惯于不厌其烦地指出学生的错误，并加以纠正。“玉不雕不成器”，习惯于传统教学方式的舞蹈教师，多把学生视为艺术品胚胎，在教学中逐步施以雕琢。在这种理念的支撑下，无知的学生只能扮演客体的角色，等待教师赐予知识。显然，教师的认知转变是平衡师生关系的重点。

具体而言，教师首先需认识到，学生并非一个空白的画纸，等待教师涂画，或一个空空的容器，等待被灌入全新的知识。简言之，学生并非无知。教师应承认，学生自身也是知识的拥有者。学生不同的成长背景、学习和生活经历使其在进入课堂前已经建构了独一无二的知识体系。当涉及袖舞文化时，来自山东的学生也许对自己地区的舞蹈文化有更为深刻的认识，从而给予山东地区古代袖舞不同的诠释；而来自阿坝州的学生也许能通过将自己所熟知的藏族袖舞与中国古典舞袖舞进行对比，从新的角度对中国古代袖舞和文化提供见解。这些丰富而多元的知识信息既具有较高的价值，也往往不是一名舞蹈教师通过钻研就能获取的。显然，学生在客观上，已经成为知识的拥有者和提供者，而教师则是学习者。只有教师对学生知识的权威性适当认可，这种“每个人都是学习者，每个人都是教师”的良性教学状态才能得以实现。互为师生也正是课堂教学中教师与学生平等关系的集中体现。

其次，教师应该给予学生充分的信任，相信学生能够为自己的学习负责。在传统理念中，舞蹈教师习惯于把学生视为“无能”。这里的无能有两层含义：其一，没有教师的鞭策，学生不会主动参与学习；其二，没有教师的教导和指令，学生不知道怎么学习。秉持该观点，很多舞蹈教师占据了整个教学的中心。他们认为，只有自己不断地示范和讲解，不断地监督和鞭策，学生才会在正确的学习之路上前行。但事实却证明，学生具备独立思考的能力和主动学习的热情。在一次基于探究的技巧训练课堂上，笔者少说少做，给予学生最大的自由和空间。同时，引导学生对立圆技法进行探索，取代传统的“手把手地教”和“逼迫式地重复练”。最终的结果是学生不仅用自己的方法完成了袖舞技法，更对袖舞的深层学习产生了极大的兴趣。从这个案例上不难看出，学生并非如传统的认知那样“无能”，他们有能力也有热情自主地进行学习。激发其学习主动性的一个前提条件，正是教师对其完全信任。也正是这种信任，为师生在教学中的平等关系提供了有力支撑。

最后，教师需认识到，课堂的主角是学生，而非教师自己。很多舞蹈教师都曾经作为舞蹈演员，在舞台上光辉闪耀。所以在课堂上，他们习惯性地把自己再次放于聚光灯之下。他们享受示范动作时学生钦佩的目光，技能讲解时学生唯命是从的听与记。他们把自己设为供学生效仿的标准，这样的结果便是学生成了课堂的边缘人物。作为配角，学生环绕在以教师为主角的周围，以教师为奋斗目标，以达到教师的期望值而努力。教师的主角光环在无形中建立了其高人一等的地位。对于很多学生而言，舞蹈学习也因此逐渐转化成了配合舞蹈教师。由此可见，平衡师生关系的另一个关键，在于教师主动退让到课堂的一旁，把舞台的聚光灯留给学生。

三、总结

近百年，教育改革始终是全球关注的热点议题。从项目式教学、个案教学到 MOOC、翻转课堂，各类教学策略层出不穷，以学生为中心教学的重要性不言而喻。作为高校舞蹈教育者，笔者越来越清晰地认识到，舞蹈教学中最应当给予重视的不应该是教师教了哪些舞姿，传递了哪些历史文化信息，纠正了哪些肢体配合上的错误，而应当是学生学到了什么，学生是否积极地参与到了学习中，学生如何对自己的学习承担起责任。学生学习内在动机的激发无疑是以学生为中心教学的重要元素。只有教师的教学从灌输转变为引导，平衡师生之间的关系，才能真正引导学生进行探究性的学习，从而实现外在学习动机到内在学习动机的转变。

参考文献：

[1] 李太平，李炎清. 灌输式教学及其批判 [J]. 高等教育研究，2008，29 (7)：83－88.

[2] 刘斌. 舞蹈教育的质量提升与多元渠道的探索 [J]. 北京舞蹈学院学报，2016 (5).

[3] 吕艺生. 舞蹈教育学 [M]. 上海：上海音乐出版社，2000：98.

[4] 欧建平. 21 世纪内地舞蹈教育的成绩、问题与借鉴 [J]. 北京舞蹈学院学报，2006 (2)：10－15.

[5] 王爱琳. 探究意识及培养 [J]. 教育理论与实践，2004 (6).

[6] Norbert M. Seel. Encyclopedia of the Sciences of Learning [M]. Boston：Springer，2013.

[7] Heather Brown. Walking into the Unknown：Inquiry-based Leaning Transforms the English Classroom [J]. English Journal，2004，94 (2)：43－48.

[8] Paulo Freire. Pedagogy of Oppressed [M]. London：The Continuum International Publishing Group Ltd.，2005.

[9] Sarah Wyatt. Extending Inquiry-based Learning to Include Original Experimentation [J]. The Journal of General Education，2005，54 (2)：83.

高校中国民族民间舞蹈课程教学反思

陈　倩　袁耀林

四川师范大学舞蹈学院

摘　要：“中国民族民间舞蹈”是舞蹈专业的必修课，在舞蹈艺术人才培养中占有重要地位。但是在日常教学中，学生轻理论重技巧，教师缺理论重经验，对于中国民族民间舞蹈教学缺乏教学理论学习研究，要改变现状，必须从高等教育理论学习、艺术理论强化、民族文化传承及线上线下混合式教学手段等方面进行教学改革。

关键词：高校；中国民族民间舞蹈；教学反思

中国幅员辽阔、人口众多、历史悠久。在漫长的岁月和丰厚的文化积淀中，造就了今日生活在我国广大地域中的56个兄弟民族，各民族因生活环境、生产方式和宗教文化等方面的不同，产生了各显异彩、斑斓夺目的中国民族民间舞蹈。

在高校舞蹈专业学生培养中，“中国民族民间舞蹈”是舞蹈专业的必修课，在舞蹈艺术人才培养中占有重要地位。

一、高校中国民族民间舞蹈方向教学目标

对于中国民族民间舞蹈专业的学生，以四川师范大学舞蹈学院为例，在《舞蹈表演（民间舞）专业本科人才培养方案》中列出的毕业要求如下：

（1）具有较高的政治思想觉悟，熟悉国家的文艺方针和政

策，树立正确的世界观、人生观、价值观，能够自觉践行社会主义核心价值观，具有较好的自律能力和热爱舞蹈艺术的执着精神，具有较高的文化修养、较强的审美感受力和思维能力，具备良好的职业道德。

（2）系统掌握中国有代表性民族（汉、蒙、维、朝、傣）和四川地区少数民族（藏、羌、彝）民间舞的基本理论、风格特征、舞蹈技巧及表演技能，具有较强的表演素质和艺术创新能力，了解本专业的新成就、新动向，具备胜任中国民族民间舞表演、舞蹈创编、舞蹈教学工作的能力。

（3）具有一定的社会活动能力、组织能力和表达能力，具有较强的适应能力和团结协作精神，能够熟练掌握舞蹈表演专业所需的表演、教学、编创等基本专业能力。

（4）具有良好的心理素质和健康的体魄，具备正确的审美观以及良好的鉴赏美、创造美和表现美的能力。能够在知识和技能积累的基础上，从学习和实践中积极创新尝试，体现出创造性思维。①

二、高校中国民族民间舞蹈课程教学问题反思

（一）学生轻理论重技巧

我国高等院校舞蹈专业的学生大多来源于舞蹈中专、舞蹈附中、艺校、艺术类职业学校，少部分是普通中学参加舞蹈专业艺考的学生。长期大强度的舞蹈训练，加之舞蹈专业录取是在文考上线后按专业成绩从高到低录取，使得他们对舞蹈专业技能的训练非常重视，而文化课时间少、效果差，造成这些学生文化基础相对薄弱。进入大学后，舞蹈训练强度没有降低，但舞蹈理论课

① 四川师范大学本专科人才培养方案。

增加了，而学生的学习积极性却没有增加。

（二）教师缺理论重经验

在现在高校的中国民族舞蹈教学中，每个教师都是从自己老师那里学到一点经验，再加上自己在岗的一些摸索。由于教师在教学方面基本上依靠经验，所以教学带有明显的经验性质。他们所教的内容是专业性的，但他们的教学方法基本是经验性的，因此不可能产生完整的大学舞蹈教师教育培养体系，结果就会影响教学质量。要改变这种状况，教师要大力开展对大学舞蹈教学的学术性研究，积累有效的专业知识和经验，完善作为大学舞蹈教师的知识能力结构。

（三）教学方式单一

教师通过自身的经验通过“言传身教”展开教学。这种教学方式尽管可以让学生掌握一定的舞蹈练习方式，但是每个人的基础和接受能力不同，教师的经验并非适合所有的学生，学生存在较大的个体差异。仅仅采取经验教学，那么舞蹈教学很难达到预定的目标，会让学生产生抵触心理，尤其是在自己的操作和教师的要求出现偏差时，学生会怀疑自身是否适合练习舞蹈，从而失去学习信心。

三、高校中国民族民间舞蹈课程教学改进方案

“中国民族民间舞”课程是一门实践类专业课。由于区域性差异，不同的民族心理、风俗习惯、审美特点、民族信仰等形成了不同的民族文化特征和绚丽多彩的舞蹈形式。因此，民族民间舞蹈教学就是以民族民间舞蹈独特的风格动态、技术技能的训练为主要教学内容。从以老师为中心“重动作”式的教学方法，到以学生为中心全方位引导式教学的改变，经历了一个较长的过程。“重动作”的教学使得学生在表演过程中主要在思考应该如

何更好地完成动作，而忽略了内心的表达，失去了最本真的尽情尽舞身心愉悦的舞蹈过程。为了更好地达到民族民间舞蹈的教学目的，教师必须主动转变教学理念，更新教学形式，以学生为中心，用任务式教学来促进学生自主学习，让学生撰写学习反思笔记方式，促使学生“用脑舞蹈”。在教学中淡化教师“教”的角色，加强学生“学”的意识，增强学生的学习主动性，提升他们对中国民族民间舞蹈的理解感悟能力，再通过课堂观察学生的学习情况、学习态度、学习成效及学生课堂笔记的反馈信息，分析、整理和总结教学改革效果。

在教学改革的具体实施方面，可从以下几个方面入手：

（1）强化课程思政。结合全国高校思想政治工作会议上提出的“坚持把立德树人作为中心环节，把思想政治工作贯穿教育教学全过程，实现全程育人、全方位育人”的工作要求，将舞蹈课程与思政改革紧密结合。艺术来源于生活，民族民间舞蹈这门课程更要扎根民间，了解那一方水土的那一方人的生活方式。通过提取舞蹈素材，营造舞蹈意境，发挥舞蹈艺术“形象性”“情感性”的特点，让学生了解祖国的大好河山和爱国、勤劳、善良、上进的各民族同胞，在提高学生的内在艺术素养及审美格调的同时，激发学生对中华民族的归属感和荣誉感，使学生感受民族舞蹈的魅力，提升学生的民族自信心和自豪感，让学生在舞蹈这一鲜活的艺术形式中体验到浓浓的家国情怀。

（2）更新课堂教学。在每学期开始学习一个新的内容之前布置预习作业，让学生通过查阅文献、田野调查、观看视频、采访艺人等方式，全方位地了解这个民族的生活、文化、音乐、舞蹈等相关内容，并以小组为单位向同学们分享自主学习内容。这样的方式不但激发了学生的学习兴趣，也为今后的实践学习打下了扎实的理论基础。在课堂教学中应将启发式教学与情境教学相结合，不断渗透舞蹈文化、民族特色背景知识；用语言营造舞蹈场景，注重发散性思维的培养，结合一切与本民族相关的内容拓展学生的思维，在有限的教室里营造民族民间舞蹈的氛围；利用不同的方法，让学生学会捕捉民族形象，激发学生的学习兴趣。民族民间舞蹈教学的目的不应该只是简单地完成动作教学，而应该让学生去体验、去感受，并表达自己的情感。

（3）创新教学手段。传统的口传身授的教学方式已经不能满足当代大学生对学习的需求。随着慕课的产生，“翻转课堂”作为一种新兴的教学模式已经开始运用到各种课程中，弥补了慕课只有线上学习的缺点。翻转课堂是把传统课堂上讲解知识和学生课后完成作业的教学模式“翻转”过来，大大地提升了学生的参与度，使师生之间、学生之间更多地互动、交流、合作、共享，创造真正“以学生为中心”的课堂。在学习了新的教学理念后，笔者试着在舞蹈实践课程中使用雨课堂作为教学工具，将很多线上的优质课程资源和优秀的舞蹈作品放到线上供学生查阅学习。通过数据反馈，及时掌握学生的学习情况和学习习惯，利用线上线下的结合教学，更好地做到因材施教，达到事半功倍的教学效果。

通过多年对教学的摸索与思考，笔者认为教师应不断地扩充知识量，开阔教学视野，结合网络化教学等新兴教学手段，使高校的课程变得丰富多元。尤其在疫情时期，更显示出线上教学的重要性，“停课不停学”的应急措施对每一位老师都是一种挑战。我们应该如何应对教育方式的变革？充分利用好慕课资源，结合翻转课堂的教学形式，线上线下的结合运用才能获得更优化的舞蹈教学效果。

通过各民族文化的展示以及典型舞蹈视频，让学生感受少数民族舞蹈的内涵及魅力，了解更多的舞蹈风格及形式；通过教师的指点，让学生打下优良舞蹈基础，积累各单元或民族的舞蹈素材，提高舞蹈素养；引导学生挖掘舞蹈中的情感及层次美感，提高学生舞蹈技巧，并利用舞蹈音乐引导以达到事半功倍的效果。

四、结语

中国民族民间舞蹈教学经过几代舞蹈教育家、传承人及民间舞教师探索实践，形成了“民间—课堂—舞台”的培养路径。教师应不断扩充知识量，开阔教学视野，走进民间，结合教学的一元和民族民间舞蹈的多元，结合网络化教学等新兴教学手段，以学生为中心，利用中国民族民间舞蹈传承与弘扬中华优秀传统文化，培养更多的优秀舞蹈人才。

参考文献：

[1] 晏妮. 高职高专舞蹈基训课教学反思 [J]. 北方音乐，2018，38(24)：159-160.

[2] 石明灯. 当前综合性大学少数民族舞蹈教育教学的理论与实践研究 [J]. 课程教育研究，2018 (51)：195.

第三部分

技术创新

Part3

以学生发展为中心的数字电子技术教改研究

唐彰国[1]　赖　繁[2]　廖　磊[1]　周晓林[1]

1. 四川师范大学物理与电子工程学院

2. 电子科技大学附属医学院成都市妇女儿童中心医院

摘　要：以学生发展为中心是教学方式变革的一个趋势。本文着眼于数字电子技术的教学改革实践，提出“教与学”“教师与学生”协同进化的思想。以系统的视角讨论数字电子技术的学科思维方式、认知方法及学科素养。以学生为认知主体，以学科的知识、语言、方法、情感及观念为载体进行思维方式的高维建构，以期实现“以学生发展为中心”的理念及目标。

关键词：以学生发展为中心；教改；数字电子技术；思维

基金项目：本文受校级自然科学类教学改革项目资助（编号：60）：科研教学协同育人的方法与路径研究——《数字电子技术》教学改革与实践。

一、背景

提高教育质量、推进以学生发展为中心的教与学方式方法变革是近年来教育部及教育界倡导的重要主题之一。课堂作为当前开展教学活动的主战场，提高课堂教学质量是提高教育质量的关键。2012 年，《教育部关于全面提高高等教育质量的若干意见》[1]中第五条就明确要求“创新教育教学方法，倡导启发式、探究式、讨论式、参与式教学”。2016 年，教高〔2016〕2 号文件《教育部关于中央部门所属高校深化教育教学改革的指导意见》[2]再次提出“改革教学方式方法，广泛开展启发式、讨论式、参与式教学”，进一步要求着力推进信息技术与教育教学深度融合。具有学科专业优势和现代教育技术优势的高校，要以受众面广量大的公共课、基础课和专业核心课为重点，致力于以学为本的课程体系重塑、课程内容改革，建设一批以大规模在线开放课程为代表、课程应用与教学服务相融通的优质在线开放课程。创新在线课程共享与应用模式，推动优质大规模在线开放课程共享、不同类型高校小规模定制在线课程应用、校内校际线上线下混合式教学，推进以学生发展为中心的教与学方式方法变革。2020 年 2 月，为了应对新冠肺炎的严峻挑战，教育部印发了《关于在疫情防控期间做好普通高等学校在线教学组织与管理工作的指导意见》，要求积极开展线上授课和线上学习等在线教学活动，保证在线学习与线下课堂教学质量实质等效。从倡导到广泛开展的政策变化不仅指明了教学方式改革的方向，也进一步明确了改革的现实需求和迫切要求。

二、信息时代“以学生发展为中心”的内涵

现代教育理论将教育分为三个层次：一是让受教育者知道世界是怎样的，成为有知识的人；二是让受教育者知道世界为什么是这样的，成为会思考的人；三是让受教育者知道怎样使世界更美好，成为有创造能力的人。形成、发挥和提升学生的主体性是近代教育改革的主题，学生的主体性在什么样的教学结构中形成、发挥和提升的问题，不仅是建构、推演教育技术理论的“原点”，也是当代教育哲学关注的焦点[3]。如何真正体现并落实“以学生发展为中心”的理念和要求呢？从现有的学术文献及一线教学实践看，从“以教师为中心”到“以学生发展为中心”的教学模式转向基本形成了共识，但一些狭义的甚至狭隘“以学生

为中心”的观点从哲学的角度看仍然是“主体—客体”思维范式，即只是将学生作为客体对象而不是认知主体来认识其发展规律。笔者认为，教与学首先是一种思维活动，人类有了思维、知识及语言，然后才有教育活动，而教育活动的两个主体无论是教师还是学生，其能力都体现在对思维、知识、语言等载体的加工方法上。因此，人的思维结构是讨论教学活动的依据及核心，着眼于人类的思考模式及学习模式，教学活动应遵循学生的思维结构及认知过程来组织。自上而下看，讨论教学研究需以高于教学的视角俯视教学行为，从人的存在形式（人类社会的三种基本活动方式，即生产方式、生活方式和思维方式）的高度理解并架构对学生的塑造，以学生发展为中心、以教师为主导的“主体—主导”双主体角色模型实现教师与学生“教学相长”的协同进化，以课程及课堂教学为载体进行思维方式的渗透，以教材及知识点教法为切入点进行顶层设计。

三、数字电子技术教学研究的反思

课堂作为当前开展教学活动的主战场，提高课堂教学质量是教学方法创新的根本途径之一。数字电子技术到底应该教会学生什么？教什么？怎么教？如何解决“教与学”的矛盾？如何体现“以学生发展为中心、以教师为主导”？教师如何理解自己的教学行为？如何驾驭课程知识？数字电子技术课程是国内外电类各专业本科教学的核心骨干课程，是向学生传授科学思维和工程观点的重要载体和途径。近年来，针对数字电子技术课程教学的期刊论文很多，也涌现出一些优秀实践案例和成果，如教学生学会像电子科学家那样思考问题，教学生学会像电子工程师那样解决问题等诸多观点。不过，大多的研究与实践存在一种偏向，即更多的是从课程与教学论视角作为一种教学模式或学习方式来研究，而很少将它作为一种认知过程，从科学认识论与工程方法论等哲学的视角进行探讨。课程教学作为认知环节中的一环，显然不是仅仅通过教学模式或学习方式这样局部的研究就能完全解决的，它需要教师站在比课程教学本身更高的层次上，如认知科学、技术哲学、教育哲学的高度，以一种反思与超越的视角来研究和认识，才能为驾驭课程教学的手法奠定一个高屋建瓴的认识论基础，这既是实施数字电子技术课程教学的基本前提，也是避免教学研究泛化和异化的有效措施。

在课程目标的认知方面，综合国内外相关研究成果，大多认为应该源于学科而高于学科，即大学的教学活动应该将传授知识和发展智能相结合。具体到数字电子技术课程本身，相关研究资料中提到的多维课程目标可归纳如下：

（1）知识层面：学生应掌握数字电路的基本概念、基本电路、基本原理及主流应用。

（2）能力层面：学生应该得到电路设计能力、实践操作能力、查阅资料能力、工程应用能力以及电路评价能力的锻炼。

（3）思维层面：电路设计是一种思维再创造，应使得学生具备一定哲学思维、科研方法、学科特有思维方式等思维能力。

（4）素养层面：电路设计作品作为劳动成果会反作用于生活实践，因此应交给学生正确的价值观、工程观，培养其人文素养，培养其热爱科学、实事求是的作风，培养其对社会的责任心和使命感，形成积极的人生态度等。

在课程教学手法方面，近年来出现了探究式教学、翻转课堂、以学生发展为中心等新思想和新方法，但在实践上仍有新瓶装旧酒之嫌，还有待从模型、方法、流程上进一步完善。以科学探究教学为例，该方法的核心思想是“通过经历与科学工作者进行科学探究时的相似过程，学习知识与技能，体验科学探究的乐趣，学习科学家的科学探究方法，领悟科学的思想和精神的一种学习方式”[4]。从课程与教学论角度看，科学探究教学作为一种教学模式区别于知识接受型教学，包括教学目标、教学过程、教学原则、教学策略以及师生角色等。但科学探究不完全等同于工程研究，文献［5］认为目前由于人们对探究教学模式的认识存在着简单化倾向，对科学教学产生了负面的影响，主要表现在以下几个方面：囿于经验主义科学观，不能反映科学的本质；把科学教学过程简单等同于科学研究过程，不能反映科学教学过程的本质；强调做科学，忽视学科学，不利于对概念的深层理解；教学操作方法单一化与模式化，不利于学生理解科学的本质。因此，对新型教学手法的探讨、实践仍需要从认知过程等高度进一步研究。

在课程教育方法论方面，如何辩证理解教与学的对立统一不仅仅是教育方法论需要回答的问题，更是人类认知及进化方法的重要命题。当今数字化时代及人工智能的深度发展，关于“学习”本身又有了新的视角，在近年来人工智陆续能击败象棋、围棋大师的语境下，人类如何学习？应当学习什么？怎样提高学习效率？一些专著如美国布兰思福特的《人是如何学习的：大脑、心理、经验及学校》对此也进行了系统性的探讨，包括学习的迁移能力、有效教学的专家知识等。因此，从教育方法论的高度讨论及回答这些话题显得越来越迫切。教与学都属于人类的思维活动，因而具有同一性，然而教是一种传授机制，学是一种接受机制，它们又是互相对立的。以学生发展为中心的核心含义之一就是将学生对知识形成、技能应用、能力迁移、智力发展的程度来作为衡量课堂教学质量的重要标准，教师所传授的知识、方法，从学生角度能够理解并内化为思维和能力吗？教学活动的实质在于解决教师与学生之间、教师与教材之间的矛盾，进而解决学生与所学知识、发展能力之间的矛盾，它是学生的认知过程[6]。站在学生的角度，行为主义、认知主义、建构主义等理论为理解学习提供了有效视角，但在学习非正式化、网络化的今天，这些理论在有效阐释数字化学习上存在缺陷，连接主义应时而生，除了关注学什么、怎样学，还需研究从哪里学。根据连接主义的观点，以学生发展为中心的教学过程应该是帮助、引导学生将不同知识节点或信息源连接起来的过程，该理论对教师的角色、作用以及教学的技能知识提出了新的要求。

四、基于思维要素建构的学生能力发展模型

数字电子技术本质是数字逻辑。逻辑一词本身起源于思维科学，从思维的要素及思维的结构自下而上地观察数字电子技术的教学是一个合理的角度。因此，以学生思维方式的建构为出发点和着眼点研究数字电子技术的教学方法是本文提出的核心思想及目标。

数字电子技术作为专业核心基础课程具有很强的技术性和工程性，是培养学生思维方法、工程意识和创新能力的良好载体。然而，纵观国内外数字电子技术的传统课程教学却大都还停留在教育的第一层次上，即将传授知识作为教学的核心目标，课堂容量、课程信息量的大小仍为评价教学的主要指标之一，但在教学策略、方法及手段上学生的主体地位仍然不够突出[7]。基于以上分析，如何界定思维的内涵、要素及结构成为理论研究的关键。文献［8，9，10］对思维方式及思维结构进行了深入的探讨，如提出语言、数学逻辑、空间、音乐、身体动觉、人际、自我认知等七种思维；进一步研究将之概括为抽象思维（含语言、数学逻辑）、内省思维（含自我认知）、形象思维（含空间、音乐）、经验思维（含身体动觉）、人际思维（含道德伦理）等五种思维形态和方法。将多样性的思维按结构及要素进行抽象是十分有意义的，基于思维科学的最新研究成果，结合数字电子技术知识特性、内容体系及能力模型等方面的实际，尝试站在思维方式的高度去理解及建构“以学生发展为中心”的内涵和实质，提出一种

可操作的、适用于数字电子技术课程教与学的思维结构模型，该模型包含五个思维要素并组成五角形结构，如图1所示。

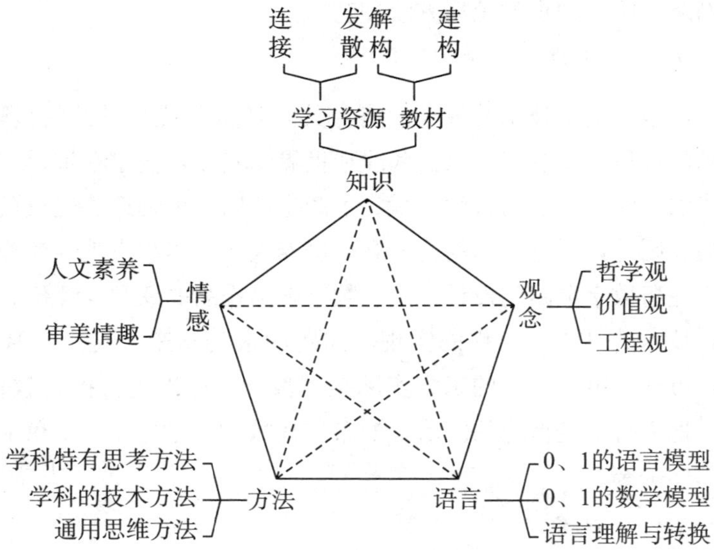

图1　“数字电子技术”课程教与学五角形思维结构模型

图中模型将思维的结构分为五大要素，即知识、情感、语言、观念和方法，各要素相互作用、相互结合，进而形成相对稳定的思维样式。下面介绍思维结构各要素的具体含义及在数字电子技术教学中的应用。

（一）知识

以学生发展为中心，知识从哪里来？除了教材，还需要与哪些学习资源产生连接？从教师的角度，数字电子技术的知识有哪些类型？如何对数字电子技术的知识体系进行解构和建构？如何合理、辩证地处理教材与知识点的矛盾？如何进行课堂设置以及课堂延伸？怎样正确处理知识点与教学方法的逻辑关系？从学习资源的角度对教材的知识体系进行梳理，以便教师根据不同的教学目标进行相应的解构和建构。对数字电子技术的知识类型与认知过程的关系进行结构化映射，并通过一些典型案例加以说明知识网络及隐含知识的挖掘方法和艺术。

（二）情感

就数字电子技术的教学而言，其内容属于技术设计的范畴，技术的价值在于利用、保护和改造世界。然而，技术在推动文明进步的同时也可能给自然环境、生产生活以及伦理道德造成负面影响。因此，树立正确的价值观、培养人文素养和审美情趣等有助于完善数字电路的设计思维、数字电路作品的欣赏与评价。例如，技术的进步、工程的实现、问题的求解从来不是一帆风顺的，可通过电路设计的工程实际案例教学，适当进行挫折教育，适时地进行审美情趣的陶冶，如布尔代数的数学之美、0 和 1 的简单之美等。

（三）语言

0 和 1 既是一种信号，更是用以描述物理世界的一种逻辑语言，是整个数字逻辑的数学基础和语言基础。0、1 的包容性及非指向性等特质为数字电路、数字系统的设计提供了足够的表达空间。普遍来看，无论是教材还是教师，往往只注重 0、1 作为数学符号的讲授，然而，教学中如何从语言的角度认识和利用好 0 和 1，如何从模型的高度建立自然语言与逻辑语言的转换关系，讲好 0、1 的语言学本质及特性是本课程拓展学生思维层次和认知水平的关键。

（四）观念

数字电子技术可以传授哪些观念呢？纵观国内外的研究成果，主流的观点认为应当帮助学生树立科学观、系统观、大工程观、哲学观、科技进步观等。观念的形成与更新需要世界视角，全球科技的高速发展，对数字电路工程师提出了更新、更高的要求，数字电子技术教学作为一种工程教育要培养工业文明意识。数字设计是工程，而工程意味着解决问题。以大工程观及CDIO理念为例，麻省理工学院和瑞典皇家工学院等四所大学2004年创立了CDIO工程教育模式，并成立了以CDIO命名的国际合作组织[11-12]，目前已有包括我国清华大学在内的全世界超过百所世界一流大学加入了CDIO组织。CDIO代表构思（Conceive）、设计（Design）、实现（Implement）和运作（Operate），它以产品研发到产品运行的生命周期为载体，让学生以主动的、实践的、课程之间有机联系的方式学习工程，注重培养学生的工程观念、基础知识、个人能力、人际团队能力和工程系统能力。笔者认为，工程技术类专业课程进行技术素养、工程观、哲学观、价值观的渗透非常重要，应教会学生自我认知，具备对电路设计作品的价值评价能力，在数字时代碎片化的知识及价值取向需要课程及课堂的合理引导和塑造。

（五）方法

数字电子技术既要传授一般科学思维和工程方法，也要提炼出本学科特有的一些思维方式。系统论、信息论、控制论作为科学方法论，其思想方法具有普遍意义，是对学生进行技术素养培养的精华所在，应渗透到教学内容中去。例如，数字电路及系统往往与环境及其他系统相互作用，往往需要对功能、形态甚至性能指标进行系统性权衡，系统论方法强调从整体出发分析和处理问题，从系统结构分析系统特性的思想方法，建立一般电子系统的完整结构概念，领悟数字电子技术的思维方法，提高探究问题的能力，促进所学知识与能力的迁移。另外，数字系统是一种计算系统或智能系统，将物理世界及知识系统形式化为可计算的符号系统，其实质是一种计算思维。计算思维作为人类三大思维方法之一，其技术思想的渗透非常必要。

另外，数字电路自身有哪些独特的思维方法呢？数字电路中的 0 和 1，大多数教材仅将它们看成物理世界中任意一对矛盾的抽象，但从设计思维上来说这还不够，0、1 作为编码信号能指代物理世界的万事万物，因而在数字系统中 0、1 也往往携带着信号的身份信息。数字电路中的信号虽然分为数据、状态以及控制信号，实际上他们是浑然一体地工作着，但在数字电路设计时，却需要明确地认识和区分它们，可以说这在模拟电路等其他电路形态中是没有的，这是数字电路所特有的思维方法。当正负逻辑抽象在电路系统的各个模块部分确定之后，就可与表现电路物理状态或电气状态的 H、L 相分离，进而根据布尔代数上的处理方法，就可以表达和描述电路的逻辑功能，进而能进行纯数学意义上的逻辑设计，这也是模拟电路等其他形态电路中所没有的方法。

五、结论

本文将学生作为教学模型中的认知主体，探讨了“以学生发展为中心”的教学理念在数字电子技术课程中的具体内涵、实质以及相应的在线教学场景需求。本文还着眼于人的思维方式及思维结构，从人的存在形式的高度提出一种面向学生思维要素建构的理论架构及其认知模型，该模型作为一种理念及教学方法论，希望为适应在新技术场景下的高等教育变革抛砖引玉。

参考文献：

[1] 中华人民共和国教育部. 教育部关于全面提高高等教育质量的若干意见 [N]. 中国教育报，2012－04－21 (1).

[2] 教育部. 教育部关于中央部门所属高校深化教育教学改革的指导意见 [J]. 中国大学生就业，2016 (19)：4－6.

[3] 张立国. 从“教学结构”到学生“主体性”的培养——对教育技术理论建构的哲学思考 [J]. 电化教育研究，2006 (6)：19－21.

［4］应向东．“科学探究”教学的哲学思考［J］．课程・教材・教法，2006（5）：64－68．

［5］袁维新．科学探究教学模式的反思与批判［J］．教育学报，2006，2（4）：13－17．

［6］许碧锋．数字电路教学的逻辑方法论［C］//2010年全国应用逻辑研讨会会议论文集．2010．

［7］江捷．以学习者为中心的数字电子技术教学方法探讨［J］．教学研究，2009，32（3）：53－54．

［8］丁润生．智慧的界定及其思维结构再探［C］．上海思维科学学会（筹备组）．《思维科学与21世纪》学术研讨会论文集．2010：11．

［9］胡蓓．浅论思维方式及其构成要素［J］．科技进步与对策，2002，19（5）：163－164．

［10］陶富源．论思维方式［J］．安徽理工大学学报（社会科学版），1999（1）：20－24．

［11］于歆杰，王树民，陆文娟．麻省理工学院教育教学考察报告——基本情况篇［J］．电气电子教学学报，2004，26（4）：7－10．

［12］潘晓苹，但果，陈昕，等．基于CDIO理念的数字电路实验教学改革［J］．实验室研究与探索，2013，32（8）：400－402．

高等教育中专业课教学改革的思考与实践

——以新冠疫情期间无机化学教学为例

宁张磊

四川师范大学化学与材料科学学院

摘　要：专业课在高等教育中占有举足轻重的位置。随着信息技术的发展，如何应用现代教育教学手段开展专业课的教学成为一个值得深思的问题。本文针对2020年春季学期无机化学专业课信息化教学改革和教学实践的开展情况，探索了“课前智慧树平台—课上腾讯课堂直播+雨课堂—课间与课后QQ群交流互动”三个环节的新型线上教学模式，强化了学生对专业知识的理解，提升了课程的吸引力，提高了教学效果。这是在疫情防控的特殊时期，对专业课程教学模式的探索和实践，将有助于特殊时期教学改革和教学方法的应用。

关键词：高等教育；教学改革；专业课；教学研究

高等教育是整个国民教育过程中非常重要的环节，其中专业课在高等教育中具有举足轻重的位置。专业课程不仅使学生获得专业知识和职业教育，更是培养研究型、创新型人才的摇篮。然而，传统的课堂教学方式常以教师为主体，采用单项信息叠加、灌输式知识传授为主，而忽视学生的主体性，极大地限制了学生的思维和创新性[1-2]。随着互联网和信息技术的迅猛发展，以移动互联和智能终端为标志，运用云计算、大数据和社交平台实现交互学习的信息化教学模式应运而生。信息化教学有效实现跨地域知识共享和大数据交互，为高等教育教学提供了新的思路和方法[3-4]。

2020 年突如其来的新型冠状病毒在全国甚至全球范围内席卷蔓延，打乱了人们的工作和学习的节奏，严重影响了正常的教学秩序。按照教育部《关于 2020 年春季学期延期开学的通知》以及《关于在疫情防控期间做好普通高等学校在线教学与管理工作的指导意见》的部署和要求，采取“政府主导、高校主体、社会参与”的方式，在线教学在全国拉开帷幕，有效实现“停课不停教，停课不停学”[5]。但是由于学生已在小学和中学学习阶段习惯于传统的“满堂灌”的课堂教学方式，其主观能动性、自觉性和自律性的差别非常明显，加之教师尚需适应线上教学模式，因此，迫切需要在实践中探索专业课教育教学方式，以切实提高线上教学成效。笔者自 2017 年底开展专业课程的信息化教学以来，从中国大学 MOOC 中的 SPOC 课程到自建的智慧树自主平台，从传统以讲授为主的课堂教学到雨课堂、智慧教室的智慧教学工具的讨论式教学，在信息化教学实践中一步步前行。现将自身在专业课教学的实践，特别是 2020 年新冠疫情期间采用的线上教学实践进行思考和总结。

一、周密详实的课前准备，确保正常线上教学

“无机化学”课程是化学、材料、环境工程等专业的学生的第一门专业课，掌握其完整的知识体系，对培养学生的思维能力与专业知识素养至关重要。为了保证新冠疫情期间教学的正常有序开展，首先要解决的问题就是在线平台的确定。由于全国范围内在线平台的集中使用，容易出现在线平台网络拥挤、平台容量小的问题，需要在开课前充分对比并筛选在线教学平台。为了确保本学期第一天第一节课正常有序地开展，初步设置了雨课堂、腾讯会议、QQ 群三种不同线上网络平台的备选方案，并在课前通过

雨课堂将详细的备用方案和操作步骤推送到全班同学，开课前也进行了多次小范围实际演练。另外，在教学组织方面，在线教学初期一直开启视频模式，让学生既能听到老师的声音，又能看到老师的面容，帮助学生尽快适应线上教学的方式。贴心准备四川师范大学铃声，会准时在上下课时间响起，缓解学生的思校之苦。根据学生对平台的反馈情况，及时调整线上教学平台。基于直播平台的稳定性、平台的人性化和学生易于参与等多方面的考虑，最终采取以腾讯课堂和雨课堂结合的无障碍线上教学方式。

二、丰富和完善线上资源，多维度开展教学

相对于传统的课堂教学，线上教学存在进度慢、学生注意力不集中、学习成效差的弊端，为更好地适应疫情期间线上的自学和扩展，本课程在原有线上资源的基础上进一步丰富和完善了线上的资源，对课程的讲授内容进行了重新编排，将课程中简单的内容通过智慧树在线平台自学完成。目前，智慧树在线平台中自建课程 3 门，资源数达 206 个。这些线上资源包括慕课视频、自制微课视频、最新研究的学术论文、扩展性的无机化学发展史和化学家名人轶事等，为学生在线学习提供了更为广阔的空间。

三、优化课程内容，融入课程思政

在开展专业课的教学中，除了讲授专业知识，还应育人。“无机化学”课程讲授的对象是本科一年级的学生，课程的学习和掌握对于学生提升专业素质、形成正确的价值观至关重要。本课程进一步优化课程内容设计，将价值塑造、能力培养的正向因素合理嵌入专业知识的讲授中，以润物无声的形式将正确的价值观传导给学生。在讲授专业知识的同时，引导学生树立价值观、涵养品性、锻炼心志，最大限度地实现育人效果，努力培养具有

专业过硬、家国情怀和工匠精神的高素质化学专业人才。根据本课程的性质和特征，在讲授过程中主要从民族自豪感与责任感教育和爱国主义教育、辩证唯物主义认识论和方法论教育、科学方法和科学态度教育三个方面进行课程思政教育。

四、多举措增加互动，提高学生主动性

不同于正常状态时的课堂教学，学生参加线上学习的态度和状态至关重要，直接关系到学习质量。为了调动学生学习的主动性，充分利用信息化智慧教学工具（如雨课堂的弹幕、腾讯课堂）的习题功能，课前、课堂、课后的全方位跟踪，预习单、课堂习题和课后知识点的推送、调查问卷，课堂展示互动等过程性环节。此外，课后通过班级 QQ 群对线上课程中的重难点、易错知识点进行专题讨论和互动，增加师生之间、生生之间的交流，尽可能避免居家学习的弊端。改变以往的灌输式学习为主动式学习，真正做到以学生为中心，提高学生学习专业课的积极性和学习效果。

五、注重考核，实质等效

为了考查学生的在线学习和掌握情况，及时发现知识盲点并巩固所学知识，本课程通过三个方面的过程性评价反馈学习成效。第一，在课前预习阶段，将智慧树在线平台中学习资料的个数、时长等作为阶段性评价的依据。第二，在线上课堂教学环节中，借助雨课堂的习题、弹幕等工具可以提供非常全面的过程性数据；针对本学期在线教学的特征，通过雨课堂工具共组织了三次阶段性的在线考试，以考促教。第三，在课后互动拓展阶段，通过小组讨论相互打分、教师打分、总结报告等过程性记录来体现。此三个方面相互串联，贯通整个疫情期间教学环节，构建不

同阶段、不同维度的过程性分层考查的评价体系。

经过新冠疫情特殊时期的线上教学，加深了对专业课信息化教学理念、教学技术、教学模式的理解，提高了应用现代信息技术的水平；同时，多样化的在线学习平台、雨课堂等智慧教学工具的使用也极大丰富和改变了学生的学习方式。诚然，新冠疫情对人类生命健康造成了很大的危害，却也从另外的一个角度推动了信息化教育实践的进程，为高等教育中专业课教育教学与信息技术的深度融合提供了新的机遇和挑战。我们有理由相信，疫情过后高等教育中的信息化教学改革将迎来一个新的高峰。教育改革之路，任重而道远，作为一线教师的我们应该不断地学习与总结，充分利用现代信息技术手段创新教学设计，构建更为高效的高等教育教学模式。

参考文献：

［1］彭丽英，聂兵，董建民，等. 教师信息化能力的培养和提升［J］. 教育现代化，2019，12（103）：108－110.

［2］朱桂萍，于歆杰. 基于翻转课堂的主动学习促进策略［J］. 中国大学教学，2018（5）：29－32.

［3］韩筠. “互联网＋”时代教与学的新发展［J］. 中国大学教学，2019（12）：4－7.

［4］王洪岭，邓小娟. 基于翻转课堂的混合教学模式课程实践探索［J］. 教育教学论坛，2020（12）：233－234.

［5］朱海波. 新型冠状肺炎疫情防控期间在线教学的实践与思考［J］. 陕西教育（高教），2020（7）：50.

普通高校信息化教学风险管控的几点思考

张　军
四川师范大学服装与设计艺术学院

摘　要：信息化教学改革是未来高校“金课”改革不可阻挡的趋势。本文从信息化建设、信息化使用、教师培训等角度进行分析，提出“转变观念、意识觉醒、打破桎梏、兼容并蓄、寻求创新”来应对未来的信息化教学改革过程中所面临的风险管控。

关键词：普通高校；信息化教学改革；风险管控

随着本科教学改革的持续深入，信息化技术手段日新月异，教学模式也花样百出，如慕课（MOOC）、翻转课堂、微课等，教育部也对本科教学提出“淘汰水课，打造金课”的建设要求。信息化教学的广泛应用有助于开阔学生的学习视野，提升专业技能、增强高校的学生就业竞争力是信息化教学发展的必然趋势，同时也是国家进行信息化建设和教育现代化建设的必经之路。信息化进入课堂，丰富了教学形式，增加了教师对教学设计目标的精准把控，对教学质量的提高增添了新的手段，同时也给传统的课堂教学注入了新的活力和生机。但随着信息技术的发展，高校信息化教学的潜在风险有扩大的趋势，特别是在普通高校教育经费不足的情况下，如何加强对信息资源开发采购、数据应用存储保护、校内信息数据外泄等方面的控制，如何保证教师信息教学、学生学习平台系统数据安全，是目前急需解决的重要问题。

一、国内高校信息化教学的发展趋势

国内高校信息化教学是深化教学改革、培养新型人才的需要。在知识经济时代，科学技术与市场及经济互动发展，要求高等学府培养出的人才必须掌握现代科学技术手段，同时又必须具备多渠道获取知识和信息的能力，通过知识和信息资源的借鉴和吸收，开发自身智能，培养创新意识，完善和发展自己。《关于国民经济和社会发展第十个“五年计划”纲要的报告》中就提出要“推进教育领域的信息化进程”和“提高教育现代化、信息化水平”。高等教育信息化是知识经济时代高等教育现代化的必然趋向，必将极大地促进高等教育现代化的进程[1]。

教育部办公厅发布的《关于“十三五”期间全面深入推进教育信息化工作的指导意见（征求意见稿）》中提出以信息技术为纽带，因应信息时代发展，充分发挥信息技术对教育的革命性影响作用，构建教育信息化新的发展格局[2]。

根据信息化教学的实际需求，鼓励企业根据国家规定与学校需求建设资源服务平台，开放系统接口，整合中央、省级教育数据中心资源，构建全国、区域性多层级信息化教育资源，通过“结对子”帮扶普通高校进行课程教学改革，让名校的精品课程资源可以在帮扶高校得到更广泛的运用，提升所帮扶高校学生的竞争力。

目前，应利用知识产权保护法对课程资源进行保护，鼓励“双一流”高校的优秀师资力量和“学堂在线”等类似的企业合作共同建设课程资源，探索远程新型数字课程资源共享模式，满足普通高校师生的个性化需求。

高等教育的目标是培养具有创新性的人才，培养学生的终身学习能力。信息化教学为促进教育公平和“不受时空、场地、文化程度”限制提供了广阔的发展空间，高校教育信息化工作必须响应国家号召，与时俱进，为人才培养提供多样化选择通道。

二、普通高校信息化教学的发展存在的风险

高校在大力推动信息化教学的过程中，应认识到信息化教学只是辅助手段，而非主流教育方式。

现在国内高校线上线下混合式教学呈现出一派欣欣向荣的景象，表面上看“雨课堂、智慧树”等形式改变了传统课堂无人互动的尴尬，强化了学生自主学习效果的监管，促进了课堂气氛的活跃，便于行政管理数据的全面采集，便于各种课程教学改革申报立项。但试问，学生是否真的学到了知识或技能？学生的创新思维是否得到了培养？大量的资金投入是否获得了最佳效果？下面从几个方面分析可能存在的潜在风险。

（一）信息化系统在建设方面存在的风险

国内“双一流”高校大多会利用自身优势建设数字化信息资源平台，而普通高校一般都会购买普及度比较高的现有资源平台，但普通高校专业多而全，如果忽视专业的需要，盲目追求普及化的产品，容易导致资源浪费，使用率下降。如果普通高校自建数字化信息平台，可能因师资和课程资源质量把控、经费限制容易造成平台后续服务缺乏保障。因此，普通高校如果没有根据自身情况进行高校信息化建设的统筹规划，就会给高校的信息化系统建设带来潜在风险。

（二）存在信息化教学改革深入难、抵触的风险

目前高校的青年教师对自己专业的计算机软件比较熟悉，进而能拓展学习信息化教学所运用的其他软件，而老教师对于信息化教学所采用的计算机软硬件的应用缺乏知识更新，普通高校又没有针对相应人群进行相关知识培训，并且在信息化平台使用培训中，学院的教务人员会参与此培训，而真正使用平台的一线教

师却没有接受过专业的正规培训。因此，在信息化教学的推广中就会存在“上有政策，下有对策”，很难将信息化教学改革深化的风险。

（三）教师教学能力提升培训碎片化，短期化存在教学改革推广难的风险

教学能力信息化手段的提高不是一两次培训就能解决的，其实培训永远都是后手，不能把培养教学能力的重任全部依托在一两次的培训课程上。培训只是找差距的方式，单位派教师出去培训，是希望他们能学到“真枪实弹”，以便回去提升本单位的整体业务水平。选派教师出去培训，而不能将教师教学能力提升的培训形成持续的长期的方式，都存在推广信息化教学改革不顺畅的风险。

（四）衍生新型“PPT”授课的风险

信息化教学为普通高校的教师备课提供了丰富的课程资源，同时也将教师的知识传授的功能弱化了，学生的知识获取渠道由课堂的“PPT”变成网络平台的“PPT”，学生的思维能否在与老师的面对面的讲授中内化，能否衍生出新型“PPT”学习形式都不确定。

三、信息化教学风险管控的策略

通过对普通高校信息化教学中可能存在的风险进行分析后，笔者认为普通高校应从以下方面采取措施来提高普通高校对信息化教学风险的管控水平。

（一）转变管理思想，促进教师信息化意识觉醒

普通高校作为地方经济发展的人才培养摇篮，应该把信息化管理从传统的行政管理转向信息化课程建设进行“顶层设计”，将信息发展目标与学校发展目标有机结合起来，通过互联网技术

对各类信息资源进行全面科学规范的管理整合，提高信息交流效率，促进管理的科学化和民主化。从领导层到行政管理中层提升服务意识，提升信息化教学能力，助力教学改革，形成长久持续的培训机制，保证本单位一线教师都可以享受到定期出去培训、提升教师教学能力的政策。

与此同时，紧跟时代发展，普通高校的教学管理应根据专业特性促进教师的信息化教学意识觉醒，鼓励教师进行教学改革，不搞一刀切，重视实际运用，而非教学形式，不要妖魔化、信息化教学的作用。

（二）打破桎梏，兼容并蓄，加强与部属高校的交流与合作

在信息化建设的过程中，要打破普通高校和双一流各高校间信息化建设中追求规模效应和社会认可度的博弈，建立合理的分工合作模式，实现兼容并蓄、优势互补、资源共享、共同发展的目的。

普通高校应加强与部属高校的课程信息化教学经验的交流与合作，全面协作，建立战略伙伴关系，结出更多硕果。一要加强双边高层的交流会谈，增进彼此的了解和信任；二要完善双方的咨询机制，针对双边高校合作中的问题及时给予支持与指导；三要积极开展省部级和国家级“金课”的申报工作，加强沟通和协调，推动更多的信息化教学改革成果进行转化，促进多向合作发展。

（三）重视信息化平台使用的培训，提高信息化教学人员的素质

普通高校提升竞争力的途径就是培养既懂专业教学，又懂信息技术的“双师”型教学师资人才。对于新进教师，在信息化教学中应采取信息技术教育和岗位培训双管齐下，对于在岗的一线

教师，通过教师发展中心继续对其进行信息化的模块化知识更新培训，让教师选择适合自己所授课程的信息化教学平台，不断总结信息化教学所需的制作软件、知识传授的教学手段等相关经验和技巧，使他们不断更新自己的信息技术手段来适应日新月异的信息化教学改革发展。

（四）重视校内信息化数据保护，规范使用平台数据

重视信息化的规范管理，防止信息泄露也是高校信息化建设的重要内容，信息化教学中所产生的数据，应严格遵循国内法律法规合法运用，不得用于商业用途，从组织机构推进高校的信息化、规范化管理进程，建立稳定安全的高校信息化体系。

四、结语

高等教育的信息化教学改革，正处于从“点”到“面”整体推进的发展阶段，创新、变革已成为当前普通高校向“双一流”高校看齐的风向标，信息化教学改革使传统教育模式和教学结构发生了根本性的变化，普通高校在享受信息化教学改革带来的红利的同时，要应对这一信息化中各种变革带来的风险，高校的组织者与部门管理者应长远思考，统筹规划，把信息化教学的利与弊掌握在可控范围之内，发挥信息化教学的优势，提高人才培养质量，从而构建高效的具有竞争力的机制。

参考文献：

［1］史敏. 对高校信息化建设的思考［J］. 中国高教研究，2005（2）：78—79.

［2］教育部发布《关于“十三五”期间全面深入推进教育信息化工作的指导意见（征求意见稿）》［J］. 中国远程教育（综合版），2015（9）：37.

［3］王伟. 会计信息化系统的关系风险及应对策略［J］. 中国水运，2011

(9)：37.
［4］张文兰．基础教育教学信息化发展的理念与实践策略——基于《关于“十三五”期间全面深入推进教育信息化工作的指导意见》的解读与思考［J］．教育信息技术，2016 (3)：3－6.
［5］李响．高校教学管理信息化的若干思考［J］．产业与科技论坛，2011，10 (14)：230.
［6］张浩．关于高校教学管理信息化的若干思考［J］．亚太教育，2016 (8)：226－227.

在线直播课程“翻转”探究

全　亮
四川师范大学法学院

摘　要：在线直播教学环境下，翻转课堂运行条件发生了变化。传统翻转课堂的核心环节是课堂面授中的建构主义教学方法，但当课堂面授环节迁移到直播平台上后，其必须与在线直播的特点进行结合，才能很好地实现在线翻转的效果。为此，应当选用便利的网络会议平台模拟线下讨论环境，并事先预设与课件内容紧密结合的习题，这不仅要强化语音问答互动，还要尽量实现授课老师与教学内容的可视化。而这些努力有可能是未来我国在线大学的发展方向。

关键词：在线课程；直播课程；翻转课堂

“我们再也不可能、也不应该退回到疫情发生之前的教与学状态，因为融合了‘互联网+智能+技术’的在线教学已经成为中国高等教育和世界高等教育的重要发展方向。”

——教育部高等教育司司长吴岩

引言　当课堂变成直播间

虽然新冠疫情的突发打乱了各高校既定的2020年春季教学部署，但随着“停课不停学”口号的提出，各大高校的新学期课程事实上都如期开展。只不过，老师们侃侃而谈的场域不再是教室或教学楼，而是各大在线直播平台，现场授课变成了线上直播，老师们成了“主播”，学生们成了“粉丝”，课堂变成了直播间，由此形成了一种新的网上教学模式。按照教育部五大“一流课程”的类型设计，网络直播式课程原本并不属于任何一种“一流课程”类型，直播顶多是构成“一流课程”的部分元素或辅助手段而已。但在疫情背景下开展的各高校网上教学中，直播已经不仅仅是一种辅助上课的手段或元素了，直播已经变成了上课本身，上课即直播，直播就是教学本身。因此，直播的效果就是教学的效果，直播的成败就是教学的成败，直播教学第一次在大学课程上变得如此重要。参照我国竞争激烈的网络直播行业的经验可知，一门好的在线直播课程，一定是高人气、大流量的课程。而课程人气高低显然取决于课程内容编排和教学方法设计是否对学生具有足够的吸引力以及是否契合学生的真正需求，流量的大小则取决于在直播中能否有效调动学生的学习积极性和激发出学生的学习欲望。换言之，如果课程受众对直播效果的评价不高，即便老师的自我感觉再良好，“掉粉”也只是迟早的事情。

而当课堂变成直播间后，整个教学环境就发生了巨大的变化，但对于这样一种变化，大多数高校教师其实是比较陌生的，这从新闻媒体上“老师被逼当主播”这种标题党手法就能看出来。大学的老师们，或习惯于讲台上的侃侃而谈，或习惯于面对面的灵魂发问，或习惯于教室里的来回穿梭，但在线直播授课方式陡然间改变了这所有一切的“惯习”[1]。因此，对于这样一种骤然兴起的网上教学活动，还有很多东西尚未经过比较成熟的思考、设计和验证，还属于摸着石头过河，很值得探讨。尽管有人认为，此次网络直播教学的“盛况”只不过是突发疫情背景下的一种紧急事态应对策略，并不是高等教育常规的教学秩序和教学模式，因此不必过度解读。但笔者想指出的是，第一，下一次的社会公共卫生紧急事件什么时候会再次出现，谁也难以预料，如果再发生一次类似的疫情，那么我们的高校课程教学能不能应对得更从容、更好？第二，“经过这一轮大规模的使用和体验，在线教育和教育信息化或许将迈上一个全新的发展阶段”[2]，这很难说不会成为一种彻底的高等教育教学形态升级的前兆，它会不会从根本上改变我们的高等教学及其课堂教学的观念和模式？恐怕谁也不能轻易地否定，因此，对在线直播教学问题再进行深度挖掘是有必要的。由于“翻转课堂”是当前一种非常流行的课堂教学方法，也是“线上线下混合式一流课程”的主要呈现方式，因此在线直播教学中如何“翻转”就成为一个重要话题，本文的立意即在于此。

一、传统翻转课堂的基本构成

通常认为，教学过程一般包含知识传授（即信息传递）和知识内化两个阶段，传统教学模式是先通过课堂教学进行知识传授，然后通过课后布置作业来实现学生的知识内化。而所谓的“翻转课堂”（The Flipped Classroom），是将这个知识传递和知识内化的场合顺序进行颠倒，即知识传递由学生在课前或课外通过自主学习来实现，教师在课堂上不再占用时间来进行信息传递，而是通过师生、学生之间的互动，包括应用练习、答疑解惑、合作探究等方式来促成知识的内化[3]。因此，所谓“翻转”就是指课堂上和课堂下之传统功能的“颠倒”（Inverted）。这一源自美国的新兴教学模式被认为是一种以学生为中心的教法，能够实现学生的个性化学习和满足学生自我发展的切实需要。20世纪90年代初，哈佛大学的物理学教授Eric Mazur率先基于这一革命性的发现提出了同伴教学法（Peer Instruction）。

（一）翻转课堂的基本原理

知识传递和知识内化这两个阶段的“翻转”或说“颠倒”之所以被认为更符合教学规律，主要是源于布鲁姆的教学目标分类学理论，因为知识信息的传递即记忆或者理解这些环节，属于布鲁姆教学目标分类学中较低层次的目标，而学生对所学知识进行内化，即应用、分析知识，进行评估和创造才是教学的更高层次目标。而传统的教学模式恰恰不利于这些高阶目标的达成，为此，加州大学圣马科斯分校教授艾利森·金进一步提出了建构主义的教学方法，即教师在课堂上主要不是信息的传递者，而是从旁指导学生自己主动地运用已有经验和现有知识对新知识进行意义构建或重构[4]，以此来建立新旧知识之间的联系，从而让学生更好地理解新知识。至此，以建构主义理念为指导的改变传统的知识传递与知识内化方法的教学研究与思考开始兴起，直至2007年科罗拉多州 Woodland Park High School 两位化学老师 Jonathan Bergmann 和 Aaron Sams 明确提出颠倒传统 classwork 和 homework 模式的“翻转课堂”。

（二）翻转课堂的基本方式

信息技术的兴起加速了“翻转课堂”的发展和技术升级。课前学生在预习/自习即知识和信息的传递这一环节，可以更为方便地通过线上微课、微视频以及慕课平台资源的方式来实现。换言之，网络为学生在课前自行学习基础知识提供了丰富的资源，因此在很大程度上，当前各高校推广的“线上线下混合式”教学模式主要就是采用的“翻转课堂”——学生在课下通过线上视频以及资料等方式，自行进行知识传递性学习，然后到线下的课堂上再进行应用性的练习或者讨论，在老师的指引和指导下进行互动式参与性学习。在此可以发现，对于早就采用在课前进行大量阅读、课上直接投入问答和讨论式的“苏格拉底问答法”的美国法学院来说，他们的课堂其实早就“翻转”了，其课前阅读任务其实就是一种“前录像时代的‘纸面慕课’”[5]。如是观之，“翻转课堂”对于我国的法学课程来说真是一条迟来的真理。

（三）翻转课堂的基本理念

“翻转课堂”或说“线上线下混合式课堂”，其最核心的元素在于课堂上的建构主义教学方法，本质上就是对课堂上师生“面对面”（face to face，缩写“F2F”）的场合进行全新的利用——老师不再向学生“灌输”所谓的“新知识”（已经由学生在课前通过信息化手段自学完成），而是学生在老师的指引下，通过课堂测验、互相讨论、提问、借鉴以及小组合作、反馈等方式来展示和运用自己学到的新知识，进而形成一个学习者社区——这种学习者社区是以学生为中心的主动式学习组织形式，由此实现建构主义教学理念所讲的，通过互动学习去创造一件作品来展示他们所学到的知识。这样一种 F2F 的互动过程会碰撞出大量的思维火花和新知，学生则可以按各自情况提取自己所需要的知识或者能力，从而实现学生的个性化学习；同时，这种互动能够在师生之间或者学生之间形成一种快速有效的沟通和反馈，从而提高学生的识别能力并激发其创造精神。此即人工智能时代教师角色转变的一种体现，教师的知识传授角色逐渐被 AI 取代，教师的“育人”角色日益重要[6]。这也是为什么在教育部规划的五大一流课程类型中，“线上线下混合式”课程在实践中最受推崇的原因，因为“翻转课堂”采用的建构主义进路最能匹配“两性一度”的要求。

在教育技术信息化的加持下，传统的“翻转课堂”事实上成了我们现在常说的“线上线下混合式课程”，学生的预习和复习转移到线上，老师的面授以及翻转本身在线下进行，即“MOOC+”的混合式教学，开展 O2O（online to offline）教学[7]。可以说，“线上线下混合式课程”已经成为“翻转课堂”教学模式的一种常见载体。但不管怎样，课堂 F2F 环节仍然是这种教学模式的核心与关键的部分。然而在新冠疫情背景下的在线直播教学活动中，F2F 的课堂实体环境已不复存在，所有的

“线上线下混合式课程”都变成了“线上课程”，而且是直播课程。当“面对面”变成“屏对屏”（screen to screen，缩写“S2S”）时，二者较大的环境差异决定了我们不可能将传统的“课堂翻转”方式直接移植到网课中，而只能针对在线直播教学的特点进行必要的改造，因此，接下来必须把我们的分析重点转移到在线直播这一种教学方式上来。

二、在线直播教学的必然要求

在线直播，事实上已经成为现代社会生活中的一种常见现象，一种常见的娱乐活动，一种常见的社会交往活动，甚至成为一种专门的职业了。在线直播实际上也成为新一代大学生们日常生活中一种主要的休闲娱乐方式，甚至具有某种依赖性。因此，新一代的大学生事实上对在线直播这种活动是非常熟悉的，也是非常认可的，甚至是很有研究的。然而，这种直播恰恰是我们大多数作为“互联网移民”的老师的短板，也是大量前信息化时代培养出来的老师所不熟悉的代际学习对象[8]。因此，直播教学的效果好坏在很大程度上取决于老师们对在线直播本身有多少真正的理解，是否能够很好地将教学方法与直播本身相结合。而网红主播们的生存之道就是得“有流量”，即让网民能够持续地关注，让受众能够形成对其的一种黏性，从而留住粉丝乃至增加粉丝。笔者认为这至少涉及三个基本要求：一是直播的内容主题对受众或特定群体来说是吸引眼球的，让受众有欲望去了解；二是直播内容的呈现方式生动有趣，能够随时抓住受众的注意力，适时调动受众的情绪，不容易让人感到疲惫；三是主播和受众之间能频繁地交流互动，包括通过文字或语音进行对话聊天、提问讨论、点赞打赏等。作为借鉴可知，在线直播教学活动如果要取得成功，就必须尽可能贴近或者依循前述要求，努力让教学的“神”与直播的“形”有机融合。

（一）直播教学选题应提高吸引力

在线直播教学的内容选题应当尽可能对学生具有足够的吸引力。因此，原则上，我们应当首选那些最容易引起兴趣、引发共鸣的教学内容作为在线直播的初期尝试，以降低直播授课的难度，增加老师的自信，给学生以更多的期待。当然，必须要看到，有不少课程受该学科性质的先天限制而注定不可能是那种人见人爱的热门话题。因此，学习这类课程，对学生来说只能是一个不得不完成的任务而很难成为一种兴趣。但这并不意味着这类课程就永远只能以一副让人敬而远之的面孔出现在网络上，当然这就需要一系列的课程教学改革了，不过这并不是本文的重点，不再赘述。

（二）直播教学方式充分利用多媒体

在线直播教学内容的呈现方法应当充分利用多媒体技术。人们对于网络直播的体验感主要是靠多媒体技术支撑的，因此在线直播课程不仅要图文并茂，而且应增大音视频内容的比例，并增加趣味性，包括授课老师的用语都可以适度夸张和娱乐化，这样才能比较牢地抓住屏幕另一端学生的眼球和注意力，尽量避免因为长时间坐在屏幕前而让学生产生生理或心理上的疲倦。如果授课老师属于“脱口秀”型，则在此具有先天优势，但更重要的是课件的设计对学生要保持足够的视听冲击力，这实际上就要求网络直播课程使用的 PPT 绝不能照搬教室里用的 PPT，而应该根据直播的特点进行重新加工。

（三）直播教学环节应包含充分互动

“互动双向交流设计是提高在线直播课程有效性的关键。”[9]没有哪一个网红主播在自己的直播间只演独角戏，质言之，老师绝不能把直播课程变成单口相声或者个人演讲，否则屏幕那头的学生看个录像回放就可以了。对于互动式教学其实大家并不陌生，那么直播互动无非就是让互动式教学方法从实体课堂迁移到网络平台，让学生隔着屏幕也能实实在在地参与老师的教学活动。这种参与感能激发学生的学习主人翁主体的意识，避免学生成为一个冷眼旁观、可有可无的看客，也即在网络直播课程中也体现以学生为中心的教学思路。互动参与是网络主播“提高流量”的必备技能，也是直播教学中调动学生主观能动性的法宝，当然互动的方式方法必须根据网上授课的特点进行改造。

在线直播课程和MOOC的最大不同在于，MOOC强调碎片化学习方式，每一个视频时间都不长（5～10分钟），以避免长时间看视频后的疲乏，从而帮助学生保持学习专注力，同时也方便学生随时灵活地学习；但是在线直播课程，它一次不可能只直播5～10分钟，通常是按照正常课程45分钟到一个小时的节奏进行，以完成一个完整的教学单元内容为着眼点。因此，如何在这45分钟到一个小时的直播当中，让学生持续地保持对学习内容的热忱和关注而不会溜号挂机，是直播教学首先要考虑的。尤其和中小学不同的是，因高校老师通常不熟悉自己所教的学生而学生人数又较多，习惯性出现上课时气氛沉闷、互动生硬的问题在网络平台上更容易造成学习氛围的不足[10]。说到这里，问题其实就很明显了，在线教学效果的好坏，就取决于原来在课堂上进行的“线下翻转”如何成功地转换为“线上翻转”，而简单地把线下的方法直接“复制”到线上显然是行不通的。

三、直播与翻转的融合要点

在线直播教学本质上是一种远程教学，而远程教学的生命力在于师生之间必须要有交互，而且是一种强交互。只有强交互，增强学生的参与感，才能从根本上让直播对学生是可欲的。而“翻转课堂”本身就是一种强交互的教学模式，“课堂大部分时间将用于答疑、学习小组间的协作探究及师生深入交流等”[11]，因此，它是契合直播教学性质的。由此看来，在线直播教学的成败关键就是，原本在线下进行翻转的内容如何在线上来开展。根据BOPPPS有效教学设计[12]，“翻转课堂”核心环节在于“课堂参与式学习（Participatory Learning)”，因此，笔者将主要就“课堂参与式学习”这一环节如何与在线直播的特点相融合进行阐述。

（一）讨论“线下化”

“翻转课堂”作为一种以学生为中心的主动型教学方式，一个核心就是要在课堂上开展师生之间、学生之间的互动讨论，以此激发学生的分析、综合、评价等创新能力。因此，在线上直播过程中，如何开展讨论是一个首先需要解决的教学组织问题。如果在教室里，不管是分组讨论还是集体讨论，学生之间是F2F，老师也可以通过来回走动的方式与学生F2F。但当这种F2F的讨论转移到线上后便出现两个问题：一是在屏幕前“隔空”讨论，S2S似乎缺乏对话的氛围，可能影响讨论效果；二是老师如何在不同的讨论组之间进行有效的流转与参与，以实现对全场的掌控。对此，笔者经过实践后认为主要可以从两点着手。

1. 便利的在线讨论平台

因为翻转课堂本身就要求老师“积极有效地组织协调课堂讨论、归纳总结，还要具备实践经验和教学技巧来应对课堂突发情况”[13]，所以当讨论只能依赖在线平台展开时，该平台的使用是否便利即成为前述要求能否达成的关键。纵观各种具有视频电话会议功能的常见软件或平台，“腾讯会议”这一软件/平台应该是在即时讨论模式下效果最好的选择，因为它最接近还原实体课堂的讨论场景，任何参与者只要想发言，随时可以发言，还可以通过共享自己的屏幕进行图文并茂的讲解，而且网速相对有保障，卡顿少。而像“智慧树”“腾讯课堂”等看起来更专业的“上课平台”，学生发言功能反而受到诸多限制，比如说需要老师点击邀请后学生再确认才能连麦，此种形式更适合老师提问后指定学生回答的抽问模式。

值得注意的是，在线讨论由于缺乏老师的“现场控制”，所以分散于各个屏幕另一头的学生有可能会比较随意或者过于放松，从而影响讨论的积极性和主动性，甚至演化为冷眼旁观的看客。对此，有效的应对方案是尽量将讨论规模缩小，即划分为人数更少的小组讨论，以便于老师对发言人员的掌控。但小组一旦划分过多，一个老师如何同时兼顾不同的视频电话会议呢？这便涉及下面第二点。

2. 多师协作的分组讨论

一旦细分为更多的讨论小组，那么一堂课上可能出现五六个甚至七八个（以 60 人一个标准班计算，一般 8～10 人划一组进行讨论为上限）语音讨论房间，各小组自建语音讨论房间展开组内讨论，然后在约定时间回到老师上课的“大房间”，由各小组代表汇报本组讨论情况。这种模式的问题在于各小组内部的真实讨论情况老师难以掌握，不利于评价学生的实际表现，除非老师不断地切换于各个语音房间之间。来回穿梭、登入登出，无疑会让有效的教学时间被无形消耗，并且不排除来回切换可能导致的软件/平台响应变慢、卡顿甚至死机等技术问题。

从笔者几个月的实践来看，与其让主讲老师疲于切换不同的视频会议房间，不如安排多个老师或者助教来协助主讲老师把控各组学生的讨论，即多师协作、各自分别“承包”一两个讨论间，这种教学团队的方式可实现对所有讨论小组情况的全面覆盖与即时掌握，从而接近线下讨论的效果。这一思路其实就是借鉴了“大班教学，小班讨论”的多师同堂教学模式，其本义在于通过教学团队的合作达到最优的教学效果[14]，而在这里就是有助于提高在线讨论的效率。

（二）习题“预设化”

除了讨论式教学，“翻转课堂”的另一个核心内容是要通过在教学过程中同步穿插各种习题的练习来促进学生对知识的内化和运用。尤其是与 F2F 课堂教学的秩序感和临场感不同，直播教学中教师对学生学习节奏的控制力会降低[15]，因此，及时地通过布置练习题来聚拢学生的注意力非常重要。而目前常见的在线学习平台基本都能实现在线发题、计时、收题和统计，但是应当说，目前还没有哪一个平台能够比较完美地实现对在实体课堂做题效果的同等替换。比如，“雨课堂”平台能够较好实现在线发题、收题和统计，但由于不能实现双向语音对话，因此老师虽然可以对全班作答情况进行整体评价，但却不便于直接了解某一同学为什么做错，学生只能通过发弹幕或投稿的方式留言，这显然降低了交流的效率。对此，“智慧树”平台的优势在于可以通过点对点的直接语音来了解学生为什么做错，但“智慧树”平台不能像“雨课堂”一样提前在课件中设计好题目备用，而只能在直播时现场制题，即便题目是老师事先设计好的，现场调用制题显然也会耽误有效教学时间，其他平台大多问题类似。

相比而言，目前“雨课堂”是当堂做题练习功能的最优选择。不仅是因为该平台可以提前设计好题目以备课堂上直接使用从而能节约发题时间，更重要的是，它的做题功能是与课件本身融为一体的。题目直接设计在课件中，一方面，便于题目与讲课内容紧密结合，学生学完一个知识点马上就可以进行测试，提升知识内化的效率；另一方面，究竟设计哪些题目，在哪个内容后面设计题目，怎样设计题目最能检验出学生的认知效果，这是需要老师对教学内容进行通盘考虑的，那么一边制作课件一边同步在课件上设计题目，是最有利实现这种通盘考虑的策略。

此外，设置游戏化的答题情境也被认为是激发学生探究动力的在线教学设计原则和策略[16]，而这显然也有赖于老师在课前对相关知识点与对应题目的精心预设。

（三）互动“语音化”

除了讨论和做题，“翻转课堂”还有一个精华在于师生之间频繁的实时互动问答，通过提问来了解学生知识的盲点，通过学生的实时反馈来评估学生的认知程度，同时能活跃课堂气氛，比如说让学生抢答之类的活动。师生课堂互动的主体性和互动性越好，师生间就越容易建立起良好的人际关系[17]，师生之间形成合力是提高教学效果的不二法宝。那么很明显，在网上直播教学中这一要素的实现程度，就完全取决于老师所使用的平台是否有良好的语音互动功能，或者语音互动功能设计是否便利。比如，“智慧树”平台除了有老师一对一点名邀请学生上麦回答问题的语音功能外，还设有抢答功能，更能还原教室上课的感觉。当然像“腾讯会议”或者“腾讯课堂”，其语音交互功能就更为强大和方便，老师点名喊话后学生上麦作答一般都非常流畅。但是“雨课堂”平台由于缺乏互动语音功能，无法实现师生直接问答，其点名功能也就仅仅只能起到考勤的作用。对于在线直播课程，师生互发文字留言进行讨论既不方便也耽误时间，因此，语音化问答功能是调动网课气氛的重要手段。

另外，网上语音问答较之传统实体课堂环境下的答问，也有一个优势。由于在线直播时老师往往看不到学生本人所处的实际位置以及表情、神态等，可能一定程度上影响老师对学生答题情况的一个判断，但这对学生来说不见得是坏事。很多学生在和老师面对面时总会紧张，但现在老师看不见学生，作答学生没有在教室被抽问时那种站起来被注视的压力，又是纯语音交流，所以学生更容易处在一个和老师平等对话的心理状态中，这样有助于学生更加放松地去思考问题，有利于学生做出更好的回答。

（四）讲解“可视化”

任何“翻转课堂”都必须配置老师直接讲解的一部分内容，而不可能“全程翻转”，否则会让课堂显得过于松散，尤其是上课的开始和结尾阶段。换言之，在这个阶段学生主要是听老师讲，以笔者经验来看，此时讲解的“可视化”非常重要。从一般的生物学原理来讲，视觉比听觉更能刺激大脑皮层而加深对信息输入的印象，从而更有效地创造出一种投入学习的自我观念环境，对此有以下两点要注意。

1. 主讲老师最好露脸出镜

虽然直播时老师只是对着屏幕讲话，但学生如果能够通过屏幕看到老师的面部表情乃至身体动作手势等，尤其是老师如果能面对着摄像头，那么学生即使在千里之外的屏幕另一头，其实也有一种被老师注意的“课堂的感觉”。在这个意义上，老师本人的“可视化”直播会让学生更能感觉到自己在上课而不是在听评书，听讲起来更有感觉，会更加注意去听老师在讲什么；否则，纯语音讲授容易沦为一种“背景音乐”，从而影响学习效果。有学者专门研究指出，“在视频中呈现教师形象不仅提高了学生的视觉注意，还提高了学生的知识迁移学习效果”[18]。笔者亲自对学生进行的调研也证实，老师出镜直播比起纯粹语音直播更能让学生有欲望去注意老师在说什么。

2. 授课内容尽量“去文字化”

除了老师本人“可视化”，授课内容“可视化”也很重要。一方面，与教室里上课不同，这种远程教学如果没有课件，听评书式的讲解会大大增加学生理解老师口述内容的难度，不利于学生对当堂知识的准确掌握；另一方面，与教室里的黑板或者投影挂幕不同，由于学生是在电子设备屏幕上看直播，画面上文字过多的话，一来不容易看清楚、看全面，二来容易让人产生眼疲劳。传统的线下课堂上，满屏的文字学生也许还能够一定程度上接受，毕竟黑板或投影挂幕面积较大，但在电子设备上满屏文字就很难让人接受了。长时间看电子设备本身就比较容易眼疲劳，文字再多一点，画面再单调一些，人的思维更容易混沌，注意力更不易集中。因此，基于用电脑、手机等长时间观看效果的考虑，此时的PPT中文字不宜太多，应多用一些图片、动画和视频，而且画面构成应该尽量生动活泼一些。丰富多彩的PPT画面，能让学生更有耐心地听老师讲下去。

此外，单纯地老师主讲，学生在屏幕另一端听久了难免会感到枯燥无聊。因此，如果老师声音能够激昂一些，表达更抑扬顿挫，让声音更有“画面感”，则有助于减少这一情况。当然，有趣幽默的说话方式也有助于直播听课氛围的改善。

四、一种新的课程模式——“在线大学”展望

虽然新冠疫情的发生导致国内的社会经济发展受到影响，但国内各大高校的正常教学秩序受到的影响似乎并不大，几乎所有大学都通过网上教学的方式如期开展了教学活动。这一事实表明，学生即使不到学校和实体课堂，我们的教学也能够进行，诚如吴岩司长所言，融合了“互联网+智能+技术”的在线教学已经成为中国高等教育的一个重要发展方向。这是否意味着，如果传统实体课堂上的教学环节在网上都能够实现，如果学生只需要在寝室、在家就能学完一门课程，如果这样的课程能够开设到一定的规模，那么就可能建立起一套不依赖实体学习环境的虚拟大学课程体系，也即“网上上大学”是可能的。笔者这里所指的“网上上大学”并不同于我们传统上的广播电视大学（即现在的开放大学）的学习方式。从开放大学通常称学生对自己课程的学习为“收看”[19]这一用词就可知，学习者主要还是一种“旁听者”角色而非“参与者”。他们的在线课程更类似于慕课，但慕

课的性质决定了其很难具备“翻转课堂”这个要素，而“翻转”才是新时代我们课堂革命的精要所在。

在美国就存在好些没有实体的 Online College，学习者纯粹通过网上学习方式就能够获得学位。笔者在密歇根州立大学进修时就体验过这种没有实体课堂的课程，当时曾询问缘由，美方教授幽默地回答说因为教室不够用。也许客观上真有此考虑，但笔者认为，“在线大学”更大的意义在于其学习的灵活性且降低了学习成本，至少学生不用把时间、精力消耗在往返路途或争抢座位上。而且，对于常因大兴土木而背负沉重负担的国内高校来说，“在线大学”在很大程度上能缓解教学用地资源紧张的问题。

新生代大学生作为互联网的“原住民”，网上直播可能是一种更亲近他们生活习惯和交往规律的学习方式。笔者在这里无意争论虚拟课堂与现实课堂究竟哪一个教学效果更好，但至少我们可以从中窥见中国高等教育方式未来的一种新的可能。

参考文献：

[1] 郭海青. 试述布迪厄关系主义视角下的场域惯习理论 [J]. 湖南文理学院学报（社会科学版），2008（5）：45—48.

[2] 武志军. 在线教育的生命周期 [J]. 中国品牌，2020（3）.

[3] 王洪叶. 翻转课堂教学模式在行政法学课中的运用 [J]. 教育探索，2015（10）：133—136.

[4] Alison King. From Sage on the Stage to Guide on the Side [J]. College Teaching，1993，41（1）：30—35.

[5] 王竹. 法学教育的慕课实践与国际比较——以四川大学“侵权责任法”慕课教学为例 [J]. 中国大学教学，2016（6）：46—52.

[6] 梁彦红，段振英. 智能云翻转课堂教学改革探析——以民法案例教学课程为例 [J]. 河北师范大学学报（教育科学版），2019，21（4）：125—128.

[7] 白彦，张文静. 政府与法治课程基于“MOOC+”混合教学模式的构

建与实践［J］. 中国高等教育，2018（13）：60－62.
［8］沈杰. 互联网原住民与互联网移民的代际学习［J］. 中国青年研究，2019（5）.
［9］肖宇，吴访升，蒋小明. 有效在线教学的策略设计与实践探索［J］. 江苏教育，2020（28）.
［10］雷舒雅. 新冠疫情背景下高校在线直播教学的问题与对策分析［J］. 现代商贸工业，2020（17）：32－33.
［11］薛靖超. 法学专业学生实践能力培养研究［J］. 教育探索，2015（4）：96－98.
［12］张建勋，朱琳. 基于 BOPPPS 模型的有效课堂教学设计［J］. 职业技术教育，2016，37（11）：25－27.
［13］潘淑岩. 翻转课堂教学模式在法学课程教学中的开展［J］. 教育理论与实践，2019（27）.
［14］沈宏兴，郝大魁，江婧婧. “停课不停学”时期在线教学实践与疫后在线教学改革的思考——以上海交通大学为例［J］. 现代教育技术，2020（5）.
［15］于歆杰. 有效应对疫情，创建以雨课堂直播为主要特征的混合式教学［N］. 新清华，2020－03－06（6）.
［16］曲茜美，曾嘉灵，尚俊杰. 疫情期间如何有效开展在线教学［J］. 教师教育论坛，2020（4）：21－24.
［17］朱伟强，黄山，盛慧晓. 教学中的人际关系与师生课堂互动、学习结果的相关性研究［J］. 全球教育展望，2017（12）：24－34.
［18］程雪姣，皮忠玲，洪建中，等. 网络直播模式对教学效果的影响——以“职业规划课程”为例［J］. 现代教育技术，2020（2）：85－90.
［19］司主明，董洪华，加建荣，等. “互联网＋直播”在开放教育中的应用与推广——以陕西广播电视大学为例［J］. 陕西广播电视大学学报，2019，21（4）：15－17.

微课在Linux服务器配置与管理课程中的应用

陈　睿

四川师范大学计算机科学学院

摘　要：随着互联网技术的进步，我国已逐渐进入了信息化与网络化的时代。新课标和新教育准则的实施，也促使教学的信息改革，以微课视频这一新兴的教学模式为代表的翻转课堂模式，更是走在了教学改革的前列，在教育系统中得到大量应用，获得了老师和同学的认可。对于Linux服务器配置及管理课程的教学，传统的方式已经不能满足教学任务的要求，本文提出在该门课程的教学过程中，可通过利用微课视频的教学资源，提高学生课前的预习能力，通过线上与线下结合的翻转课堂教学模式，充分发挥学生的学习主观能动性，增加学生的学习兴趣和参与度。

关键词：微课；翻转课堂；视频

在网络时代，随着信息与通信技术的快速发展，与当前的博客、微博等一样，微课也将具有十分广阔的教育应用前景。教师把学习中的重点和难点制作成微课，上传到在线学习平台（如智慧树），学生便可以随时点播学习，这种方式可以充分调动学生的学习自主性、主动性，使自主学习成为可能。微课是校本教研新形式的产物，其借助多媒体技术，在五分钟以内就一个知识点进行针对性讲解。在教育教学中，微课所讲授的内容呈“点”状、碎片化，这些知识点可以是教材解读、题型精讲、考点归纳；也可以是方法传授、教学经验等技能方面的知识讲解和展示。微课是课堂教学的有效补充形式，微课不仅适合于移动学习时代知识的传播，也适合学习者个性化、深度学习的需求。微课的作用主要有课前预习、新课导入、知识理解、练习巩固、小结拓展等。本文主要研究如何将微课应用于课前预习阶段。

一、Linux 服务器配置及管理课程的现状

Linux 操作系统是由 Linux 内核和 GNU 计划结合形成的一套开源操作系统，由于采用 POSIX 开发标准，因此与 UNIX 操作系统完全兼容，是一种具备多用户、多任务、支持多线程和多 CPU 的操作系统。Linux 操作系统免费、可靠、安全、稳定且支持多平台，是当前服务器端操作系统的首选。

Linux 服务器配置及管理课程是计算机科学学院网络工程专业的必修课程，涉及的内容主要包括 Linux 操作系统的基本操作以及 Linux 服务器配置两大部分，具体则涉及操作系统、数据库、计算机网络等多门前导课程知识，是一门实践性、操作性很强的课程。通过本门课程的学习，学生可以充分掌握 Linux 操作系统的基本命令和基本的系统管理，掌握 Linux 下 Shell 脚本程序的编写，掌握 Linux 下各种常见服务的配置与管理等。通过学习及上机实践操作，可以提高学生 Linux 服务器操作使用的能力，为以后进一步的学习或工作打下良好的基础。

二、传统 Linux 服务器配置及管理课程教学面临的问题

传统的 Linux 服务器配置及管理课程中，面对的最大问题是学生没有 Linux 操作系统基础，学习困难，尤其是对命令行操作不熟练，缺乏课前预习，课堂上难以跟上教学进度。Linux 服务

器配置及管理的教学内容主要分为两个部分，前半个学期的教学内容与难度基本对应于红帽系统管理员（RHCSA），后半个学期的内容与难度则基本对应于红帽认证工程师（RHCE）。

前半个学期的教学主要围绕Linux操作系统的使用、vi的使用、用户管理、文件系统及权限的管理、逻辑卷（LVM）管理、系统进程及任务管理等内容进行，后半个学期则主要学习Linux操作系统下各种服务的配置与管理，如Web服务器的搭建、DNS服务器的配置、DHCP服务器的配置、Samba与NFS服务的配置、FTP服务的配置、Mail服务器的配置等。由此可见，一个学期中，学生需要学习的内容多、任务重，如何抓好课前的预习问题，对于这门课程的学习、教学质量的提高相当重要。

本文尝试从微课视频的角度，设计Linux服务器配置及管理课程的课前预习微课视频，通过视频、图片、文字和声音的配合，提高学生的学习兴趣，达到较好的课前预习效果。

三、微课视频在课程中的具体实现

由于实际教学中是三节课连上，因此微课的录制也以三个学时的教学内容为基础，录制成一个小的单元。微课的内容是三个学时中的主要内容的归纳。对于课程中比较难以掌握的知识点，或者是上机操作时容易出问题的步骤，学生可以通过微课视频反复学习，从而熟练掌握和运用知识。

下面以Linux逻辑卷（LVM）的管理中的实例，设计一个简短的前导微课。本微课中通过一个简单的对比方式引导学生逐步理解相关知识点，在此基础上达到知识掌握的学习目标，在此过程中充分发挥学生的主观性，使其对知识感到有趣、好奇，在不知不觉中掌握主要的教学内容。

教学背景设计：本门课程采用的Linux版本是CentOS 7，安装的操作系统环境是纯字符（文本）界面，要求学生能够熟练使用终端命令行界面，熟悉命令行相关操作。视频长度：7 分钟。相关的教学目标和要求：认知目标——了解逻辑卷的相关概念，了解逻辑卷的作用；能力目标——掌握逻辑卷的创建，掌握利用逻辑卷动态改变分区大小的方法。教学方法：直观演示法、讲授法、引导法。

微课开展流程：当分区空间不足时，通常的解决办法只有再创建一个更大的分区，再将原分区卸载，然后将所有数据拷贝到新的分区，这个过程需要服务器停机进行数据迁移，成本高且速度慢，并且企业的生产系统往往不允许停机或者允许停机的时间很短。LVM 能很好地解决在线扩充空间的问题，而且不会对数据造成影响。课堂讲解时可以先提出固定分区的种种问题，由此引导学生思考如何改变传统的分区方式，让磁盘分区更加灵活，可以方便、快速地实现磁盘容量的增加，让学生明白这个知识点的作用，接着再通过实践进一步掌握 LVM 的配置管理方法。

教学过程设计：①情境导入教学内容。首先是课程内容和教学重点、难点介绍，使学生明白本次课的主要任务。开展思路：从传统分区的限制着手引入 LVM 的内容。②演示法和讲授法结合。第一部分：认识 LVM 及与传统文件系统的区别。传统的文件系统基于分区，不同的分区相对独立，导致空间利用不平衡，无法动态地扩充文件系统大小，无法动态合并分区。而 LVM 是 Linux 环境下对磁盘分区进行管理的一种机制，它可以将多个硬盘当作一个大硬盘使用，能够动态无损调整分区大小，若大硬盘空间不够用，还可以在不关闭服务器的情况下动态加入其他硬盘。第二部分：了解 LVM 的适用范围和相关概念。LVM 适用于装有多个磁盘的系统（PC、服务器均可）。相关的术语主要有：物理存储介质（Physical Storage Media），即磁盘，系统的物理存储设备，存储系统最底层的存储单元；物理卷（Physical Volume，PV），即磁盘分区，或从逻辑上与磁盘分区具有同样功能的设备（如RAID），磁盘分区包含有与LVM相关的管理参数；卷组（Volume Group，VG），即大磁盘；逻辑卷（Logical Volume，LV），即逻辑磁盘分区，可动态改变大小；物理块（Physical Extent，PE），具有唯一编号的PE是可以被LVM寻址的最小单元；逻辑块（Logical Extent，LE），逻辑卷LV也被划分为可被寻址的基本单位，称为LE，在同一个卷组中，LE的大小和PE是相同的，并且一一对应。③新知识引入和关键点总结。总结LVM创建的主要步骤。通过动画和图示展示几块硬盘通过LVM合并成一个逻辑的大硬盘，再分成若干逻辑卷，以此总结出LVM创建的关键步骤可以简单描述为PV＞VG＞LV三个流程。④教学演示。详解创建LVM的步骤。创建LVM需要root权限，最好直接使用root用户来操作，主要步骤有：步骤1：使用fdisk命令对新盘进行分区，分区类型要选择8e；步骤2：创建PV，使用pvcreate命令创建物理卷，pvs命令可以查看物理卷信息，pvdisplay命令查看物理卷详细信息；步骤3：创建VG，将PV加入VG，利用vgcreate命令创建新的VG，而vgextend命令可以扩展已有的VG，vgs命令可以查询卷组，vgdisplay命令用来查询卷组详情；步骤4：创建LV，利用lvcreate命令从卷组里划分一个新的逻辑卷（小于物理卷）；步骤5：格式化逻辑卷并挂载到系统中，新创建的逻辑卷需要经过格式化并挂载到系统里才能正常使用，使用mkfs命令可以将逻辑卷格式化为需要的文件系统，通常的系统格式为xfs和ext4。LVM的用途是直接挂载使用和为现有LV扩容。设计思路：通过循序渐进的教学方式，把复杂的步骤拆分成若干个小步骤，并且详细讲解每一个步骤的操作流程和原理，结合动态的动画效果、文字效果，达到较好的教学效果，让学生能形象、生动地了解所学知识，尤其对整个LVM的操作流程熟练掌握，培养学生的学习积极性。

课堂作业与思考题的设计。课堂的思考题设计如下：准备为现有 LV 扩容时，发现 VG 的剩余容量不够怎么办？上机练习：①从/dev/sdb 创建一个新的逻辑卷，逻辑卷命名为 developing，属于卷组 vgdev，大小为 960MB，使用 xfs 格式化这个新的逻辑卷，设置此逻辑卷在系统启动的时候自动挂接到/mnt/developing；②在线动态调整本地逻辑卷 cl _ root 的文件系统大小到 20GB，其正常挂接的目录不改变，并且其文件系统完整。上述思考题和作业在充分研究人类认知行为的基础上，实现符合人类认知和情感的教学和学习过程。

接下来在课堂教学过程中，结合微课的视频内容，课堂教学流程设计方案如下：知识要点（对本节课的内容进行概要性的论述）—概念引导（了解 LVM 相关的概念）—实例讲解（通过一个具体的实际案例，学习如何从一个新硬盘开始，到最后创建可以使用的 LVM）—课堂总结（对本次内容进行总结，结合视频对相关的知识点做一个梳理，巩固所学知识）。

四、总结

Linux 服务器配置及管理课程的内容较多，既包括 Linux 操作系统的使用，也包含 Linux 上各种服务的配置与管理。由于学生之前都是在 Windows 下进行图形化操作，对于纯命令行操作的 Linux 较难适应，对于相关知识掌握得不是很好。通过本文提出的课前微课视频预习的方式，结合讲授法、演示法及课堂讨论等多种形式的教学方式，使学生的学习不再枯燥。同时课堂上加强上机练习与课堂指导，让学生强化学习重点，攻克学习难点，能够深入了解知识点的原理，把知识吃透。提出的思考题和上机作业可以进一步延伸学生的思维，培养学生主动学习、思考的能力。对比 2016 级与 2017 级学生的情况发现，使用了微课提前预习的班级，学生的学习兴趣和知识掌握程度明显提升。

参考文献：

[1] 黄伟国．微课在 Linux 操作系统课程中的应用［J］．电脑与电信，2017（7）：82－83.

[2] 王康．Linux 服务配置与管理课程“微课”资源设计与开发［J］．中国管理信息化，2015（14）：225－226.

[3] 孟祥增，刘瑞梅，王广新．微课设计与制作的理论与实践［J］．远程教育杂志，2014（6）：95－96.

数据思维在非计算机专业交叉学科课程改革中的应用
——以“融合新闻报道”课程为例

胡　晓
四川师范大学影视与传媒学院

摘　要：本文以网络与新媒体系“融合新闻报道”课程改革为研究对象，分析数据新闻教学模式，提出基于数据思维的非计算机专业交叉学科课程融合策略。

关键词：数据新闻；数据思维；数据挖掘；新闻写作

随着融合新闻的发展，以计算机数据挖掘技术、数据可视化技术为辅助的数据新闻课程成为新闻传播学相关专业本科生的必修课。然而，通过对全国逾20所网络与新媒体专业调查发现，网络与新媒体专业学生虽然在进入大学时是文理兼收的生源结构，但在大学学习期间以理论课程和非编程类课程学习为主，计算机编程类课程所占份额不足课程总数的5%。因此，学生对于数据新闻课程的先学课程“数据挖掘”中Python编程知识非常陌生，熟练掌握的学生不到2%；对于“网页设计与制作”课程中设计网站数据库操作的内容熟练掌握的学生不足2%；对于Premiere、Animation、Photoshop、Flash等视频图像处理课程内容能够熟练运用的占50%。以上情况导致学生学习成果出现以下特点：数据可视化作品以小数据统计信息图多，大数据可视化图少；静态插图多，以数据实时变化为特征的动态可视化图少；数据新闻生产以传统新闻线索调查为主导的新闻主题产生方式多，以数据挖掘为基础的新闻主题产生方式少。以上特征是新闻传播学学生制作数据新闻作品技术水平不高、数据可靠性低、新闻故事冗繁的原因。

数据新闻以数据说新闻、数据可视化为主要特征。为改变以上数据新闻学习实践现状，本研究尝试进行教学模式改革（本研究是为期三年的教学研究项目，受到学校校级质量工程项目资助），建构以数据新闻生产流程为主线，以数据思维建立、数据与新闻主题提炼、数据新闻概念图制作、数据工具使用为重点环节的数据新闻生产模型。

一、资料爬取与资料思维的建立

（一）资料爬取

我们从 Parks 的《Choosing Joy as Methodology in Journalism Research》一文中可以得到启示，以数据新闻生产作为我们的研究对象，首先需要对研究方法感兴趣，熟练操作数据新闻生产工具，才能流畅地创作数据新闻故事。为此，我们需要将 Python、数据库原理等计算机编程课程形象化、具体化。在实际教学中，结合 Python 中 Xpath 等知识，将数据爬取的过程转化为所见即所得的网页图形界面流程演示，大部分数据爬取通过模块化的操作来完成，同时保留自定义抓取数据的细节操作，保留了 Xpath 路径设计等自定义程序编辑的接口，使学生在数据新闻中的最大难题，即数据挖掘与获取由枯燥的计算机编程转变为图形化、有趣的新闻数据信息探究的过程。

（二）数据思维的建立

通过大量的数据新闻案例研习活动，建立新闻制作的数据思维。在数据爬取的过程中，除了简化计算机程式设计技术，将精力集中到新闻数据探究本身上来，还需要将数据爬取的过程与新闻主题相结合，建立敏锐的数据思维。以某位副总统贪腐案为例，数据新闻记者并不是通过直接审核政府官网上的财务数据报表来查找问题，而是通过开放数据查询他的公务行程，发现了其在同一日期有六项不同的航班资讯，这是不可能完成的任务，从而锁定贪腐新闻资讯。

二、数据检索与新闻主题的提炼

在建立敏感的数据思维基础上，需要根据自己的学习经验与新闻主题兴趣进行数据的预检索与正式检索。

数据预检索的主要目的是锁定新闻主题。一些新闻主题看似非常棒，但在数据检索过程中发现公开信息很少，无数据无新闻，这样的主题就只能放弃。一些新闻主题看似不起眼，例如新闻媒体报道过很多次的公共交通设施，关系到城市居民出行的民生问题，似乎很难出新意，但如果能够追述长时间的历史发展过程，就可能成为具有话题性和吸引力的新闻。如笔者指导的学生作品《从零到世界第一：中国地铁 50 年》，新闻契机是 2019 年 3 月 31 日中国城市轨道交通协会公布中国地铁发展已有 50 年历史。学生在这样一条新闻数据的基础上，找到自己想要探索的新闻话题：50 年的历史中中国地铁发生了哪些从无到有、从小到大的转变，而这种转变正改变着中国城市居民的生活面貌。通过小数据量的新闻数据爬取，建立了数据新闻的主题探究问题。主题即问题，问题确定了，探索方向与内容就确定了。

正式检索过程占整个数据新闻的生产工作量的 20%。这个比例在历届中国数据新闻大赛与美国数据新闻大赛作品分析中是有据可循的。这一步骤依据在数据预检索阶段确立的新闻主题，进行数据的撒网式搜集，目的是进一步确立数据新闻概念地图。

三、数据新闻概念地图制作

这一步骤是数据新闻的大纲，我们通过前一阶段的正式检索活动找到新闻主题下的二级标题（话题），从而将数据新闻主题细化。这个过程与数据新闻主题探究问题密切相关，数据新闻主题探究问题决定了概念地图制作的逻辑结构，可采取因果式、总分式、列举式、比较式等形式。后续的数据新闻生产流程都依据数据新闻概念地图来展开。

四、数据新闻生产工具的使用

数据新闻生产工具包括数据爬取工具（Python、八爪鱼）、数据清洗工具（Excel、SPSS、Openrefine）、数据可视化工具（Tableau、镝数、花火、Dreameaver、Photoshop、Animation）和数据新闻发布平台（Tableau、镝数、花火、Wix 等）。其中，以 Tableau 为主要可视化生产环节，工作量占数据新闻生产工作量的 40%。

五、数据新闻稿件写作

数据新闻稿件写作与传统数据新闻不同，需要兼顾数据新闻呈现形式。以中美数据新闻大赛两个赛事作品为例，中国赛事中的作品有的以直观的时间线作为新闻内容展开的基础，有的以互动图文形式展示互动信息图比较多的数据新闻内容。美国数据新闻大赛作品注重数据来源的可追溯性，观众不仅可以通过网站展示的获奖作品访问原始数据，而且可以通过联系数据新闻项目小组关注数据新闻工作的持续性状况。数据新闻稿件体现了数据新闻作为新闻的几大特征：时新性、重要性、接近性、显著性、趣味性。数据新闻稿件写作需要与数据可视化生产流程并驾齐驱，相辅相成。

六、数据思维与非计算机专业课程融合的思考

（一）专业理论课程知识与技术课程知识融合的困境

通过访谈发现，类似“融合新闻报道”这类兼具专业理论与计算机编程技术知识的课程，针对非计算机专业学生，要将计算机编程技术与本专业理论课程融合，是很困难的。主要问题在于不能将编程技术知识与理论知识有机融合，并产出相应的学习成果。“融合新闻报道”课程的前修课程包括新闻写作与相关图形图像处理、编程知识。然而在各自独立的课程学习中，学生虽然掌握了各自课程的核心知识，但在利用这些知识解决技术与新闻写作知识的融合应用过程中，无法将理念以技术的手段加以实现，以新闻视角分析数据挖掘的结果，以新闻作品表达数据可视化成果。无法将理论与技术有机结合的结果，是使技术处理过程在新闻成品中失去意义，丧失数据新闻应有的价值。

（二）数据思维的建立以技术知识学习与数据分析训练为基础

“融合新闻报道”课程前期开设的 Python 与新闻写作、图形图像等知识，为本课程的综合应用提供了前提。我们需要掌握数据挖掘的逻辑规律与处理过程，通过新闻写作知识，了解可能作为新闻内容来源的数据特点，如何根据新闻主题来设定数据挖掘模型，从而进入正式的数据新闻生产流程。在本课程开设以前，先导课程的内容设计也需要考虑到后续课程融合的问题，确定技术性和专业理论知识的广度与深度，为后续综合性课程做好铺垫。

（三）数据思维的建立与课程融合的关系

在技术性知识与新闻写作理论知识融合初期，当我们能够从数据分析和可视化图示中看到所需要的新闻线索时，数据处理过程就是成功的。在技术性知识与新闻写作知识融合中期，学生以新闻线索为基础，建立数据搜集模型，从而明晰数据挖掘的方向、预期成果等，使新闻主题确立后的数据搜集工作有的放矢，并通过不断搜集新闻数据、文献调研与阶段性的数据分析，厘清新闻写作的框架、重点与创新点。在技术性知识与新闻写作知识融合的后期，我们需要形成新闻作品的文稿与数据可视化图示，并形成具有可读性的数据新闻网页。在这一阶段，需要提炼数据分析重点，精选数据可视化的视图，并审查数据分析与新闻正文的对应关系，从而使新闻内容写作与数据处理过程殊途同归。

参考文献：

[1] 多尔. 后现代课程观 [M]. 北京：教育科学出版社，2006.

[2] 刘英华. 数据新闻实战 [M]. 北京：电子工业出版社，2016.

[3] 李岩，李赛可. 数据新闻："讲一个好故事"？——数据新闻对传统新闻的继承与变革 [J]. 浙江大学学报（人文社会科学版），2015，45 (6)：106－128.

[4] 刘义昆. 大数据时代的数据新闻生产：现状、影响与反思 [J]. 现代传播（中国传媒大学学报），2014，36 (11)：103－106.

信息化课堂教学方式改革探析及思考

——基于雨课堂平台的课程改革探索

赵光妍

四川师范大学应用技术学院

摘　要：随着信息化技术的不断发展，信息化教学已经成为一种必然的发展趋势，借助信息化平台进行课堂改革已是大势所趋。在教学中，如何充分发挥信息化教学的优势，调动学生的自主性，以高效完成教学计划，保证教学质量，是信息时代背景下教育工作者应该思考的问题。笔者结合教学实际，探索了以雨课堂平台为媒介的信息化教学方式的改革，进行课程改革实践并反思课堂教学方式改革成效。教育工作者应该充分考虑各种信息化教学平台的优势，结合课程实际，适度开展混合式教学，以优化教学。

关键词：信息化教学；教学改革；雨课堂

一、引言

随着科学技术的发展，信息化已经成为世界经济社会发展的必然趋势。多媒体技术的发展和网络的流行使得现代化信息技术广泛运用于人们的学习、工作、生活，因此，运用信息化设备和手段进行教学也是教育发展之必然。在新技术、新发展下，改变传统教育模式，将信息化教学模式运用于教学实际中，既是时代发展的需要，也是教学改革的未来走向。雨课堂、艾课堂、智慧教室等信息化教学手段的介入，给教学活动带来便捷与活力，但是也给教学带来新的挑战及思考。

二、信息化课堂教学方式的改革探索及尝试

信息化教学平台是信息时代技术发展的产物，将现代技术融入教学之中是一种新的教学手段，也是混合式教学模式的一种途径。笔者结合我校信息化课堂教学方式方法改革课程项目，以本院“大学英语”课程为实施改革课程，借由雨课堂平台，辅以慕课平台部分在线课程的板块内容，开展了信息化课堂教学方式改革的探索。与传统教学模式相比，基于雨课堂平台进行的信息化课堂教学改革对教学的设计、课堂活动的开展以及课程考核方式的改革都有促进作用。

1. 充分利用和借助信息化方式辅助教学、优化教学设计，使教学设计能够更为有效、科学地实施和开展

在教学活动设计过程中，雨课堂平台的使用无形地优化了课程教学设计。教师在传统教学设计过程中，无法对课前预习和课后复习进行直观的了解和掌握。这一直以来都是传统教学模式的短板，是教师课前及课后存在的教学变量，而这一变量也会直接或间接影响教学效果和教学质量。

借助以雨课堂为依托的信息化教学模式，教师可通过课前推送预习课件的方式了解学生的预习情况；通过课后推送相关练习和思考题的方式，检测学生的学习效果和复习情况。教师可以在预习课件中加入慕课相关课程的教学板块或者网络视频资源作为教学补充，还可以在推送的课件中录制音频，对课件内容进行讲解，以帮助学生进行课前预习和课后复习。

学生在雨课堂平台端能够实时接收教师的预习课件、复习材料和习题，并可以进行反复多次查阅。该方式可以充分利用学生碎片化的学习时间，不限制学习地点，有助于学习效果最佳化，

有助于学生形成良好的学习习惯，同时还有助于保证和提升教学质量。

2. 充分借助现代化科技进行信息化教学，加强对课堂各环节的整体把控，更为有效地组织课堂，增加师生互动

在课堂教学中，教师借助雨课堂平台组织教学活动，可加大课堂组织形式的灵活性。教师的课堂讲授不再局限于三尺讲台，只要带着雨课堂平台操作端便可以出现在教室的任意位置进行授课，拉近学生与教师之间的距离。在课堂教学或翻转课堂中，教师可以使用雨课堂平台控制电脑主机课件页面，也可以在教学活动中开启弹幕、投稿的实时交流模式，激发学生对于课堂话题的灵感和热情，搜集学生的想法并进行展示，以调动学生的积极性，活跃课堂气氛。

在传统教学过程中，教师对教学活动时间和课堂练习时间的把控往往具有一定的不可控性和随意性，对练习结果的判定具有一定的经验性。在传统教学模式下，学生在课堂知识点练习时，教师只能基于教学经验以及学生的肢体反馈，推测学生的完成情况，从而判定学生的练习时间长短，并根据自己的已知经验判定学生对知识点的掌握程度，重点讲解涉及教学重难点的题目。借助雨课堂平台，教师可结合教学实际设置包括单选、多选、填空等课堂练习题，在知识点讲授结束之后，可立即发布限时练习题，组织学生进行语言实际运用训练，并可从平台接收实时练习反馈，了解学生对该知识点的掌握及运用情况。教师也可以结合练习反馈，有针对性地对学生掌握度不高的知识点进行强化讲解或深入阐析。在传统教学模式下，组织课堂讨论或口语活动时，教师无法直观了解学生的分组情况及练习情况，因而在课堂活动中通常会出现抱团分组，未按指定语言和要求进行讨论的情况。借助雨课堂平台，教师可以通过分组形式将学生随机分组，最大限度地避免上述情况的发生，且不固定的组员有利于学生听说能

力的训练，也更容易通过交流和讨论产生新的想法和思维。在课堂练习板块，教师可以根据实际情况设置限定时间，让学生在限定时间内完成题目或练习，有效实现了教师对于课堂时间的掌握和教学活动的组织开展。教师也可以根据巡视情况，对练习限时进行调整和控制。

学生可以根据个人需要，从各自手机端查看教学课件；遇到存疑内容时可以在相应课件上点击“不懂”按钮，或通过投稿形式与教师进行即时课堂反馈。教师根据学生的反馈情况，考虑是否需要对点击“不懂”较多的页面进行进一步讲解。

此外，在课堂上，教师也可以使用投票方式进行教学调研，或使用红包方式鼓励学生参与课堂活动，以充分调动学生的积极性，营造更为宽松、活跃的课堂氛围。

3. 借助信息化教学平台的自身功能，教学过程记录更完整，课堂教学评定客观性更强

在传统教学中，教师对学生平时成绩的考核主要分为考勤、课堂表现和课后作业三个板块。考勤主要采用的是传统点到方式，费时间且易出现学生代为答到的情况。课堂表现主观性较强，评分依据性较弱。课后作业需要收发作业并进行作业评阅，较为费事且作业搬运麻烦。“大学英语”作为一门公共课，普遍呈现任课教师教授班级数较多的情况，收发作业或者作业数据记录的保存存在较大挑战性。此外，学生作业成绩誊抄极易出现错误，特别是班级数较多、人数较多的公共课。若有错漏，进行成绩更正也比较麻烦。而借助信息化教学方式的过程性成绩记录就很合理。学生上课时通过扫描二维码签到，教师可以第一时间直观了解学生的到课情况。课前、课中、课后作业的收发也都可以通过“发布试卷”等平台功能实现，能够真正意义上实现教学痕迹的保留。客观题部分可在系统中设置相应的标准答案，由系统自动判分；主观题由教师批阅，评语和分数会在教师评阅后及时

反馈给学生，以获得更快更直接的师生互动和反馈。学生的考勤和试卷情况可直接从平台系统汇总导出，结合办公软件的操作，可避免教师在学生誊抄分数过程中出现的错漏。结合课堂随机点名、分组讨论、作业和考勤等方面的学生课堂参与情况，给出的学生平时成绩更具科学性和研究性，对学生的学情分析和学习质量的把握有好处。

三、信息化课堂教学方式改革的思考

信息化课堂教学，对教师课程设计、教学管理和教学反馈都呈现出不同程度的辅助作用，但是在实际教学过程中也存在一些需要教师关注和思考的现象。

1. 教学过程中，信息化终端监管系统不够完善，无法洞悉学生对于电子设备的使用率

授课过程中，教师无法对学生端电子设备使用情况进行监管，学生在课堂中使用电子设备进行课堂学习的持续性的衡量标准有待设置和完善。教师在积极使用信息化教学手段进行教学之余，也对学生端的实际使用情况表示担忧。但目前并没有较为直观的监控板块可以对学生在教学活动中的平台终端使用时长进行数据采集和反馈，学生在课堂上手机使用频率及内容也主要取决于学生的自主自觉性。

2. 作为教学评价的数据采集媒介，信息化终端偶有的不稳定性和学生端的特殊情况，会影响以此为参照的教学评价的完整性和客观性

在实际教学过程中，信息化终端平台偶有出现因为软件设备不到位、平台数据波动等情况造成的无法登录的情况，进而会影响教师原有的以信息化终端平台为依托的信息化教学活动的开展，造成相关课堂数据采集不到位，影响数据的完整性。学生也

可能出现忘带手机、手机没电等特殊情况，影响班级整体数据的生成和学生个人数据的采集。

3. 信息化教学方式的改革给教师备课和授课带来了新的挑战

信息化教学需要教师有一定的信息化技能，了解并能熟练使用信息化平台的各功能。在课程从传统教学模式向信息化教学模式转变的过程中，教师需要对教学资源进行信息化转化准备。以雨课堂平台试卷设置及课前、课后课件设计为例，教师在进行材料推送之前，需要根据平台试卷推送格式制作试题卷和课件，再将试题和课件内容进行转化，上传到手机端以便上课使用。在试题制作过程中，教师需要对客观题进行答案和分数设置，以便进行系统评阅。在预习课件推送时，教师需根据授课实际，考虑是否采用录音方式对课件内容进行配音讲解。

在实际授课过程中，教师需要用手机端对课件进行操控，对试题进行发布，因而在课堂上会出现使用手机的情况，这与教师课堂行为规范中“教师在教学中禁止使用手机”的要求形成了冲突。如何衡量和化解信息化教学过程中移动终端的使用带来的影响，也是教育工作者需要进一步思考和有待解决的问题。

4. 信息化课堂教学平台软件各项功能依然在开发、完善中，平台功能对课堂考评的个性化处理不够

目前，雨课堂平台端还有部分适应教学需求的功能待开发和待提升。以教学过程性记录为例，在教学中，教师还不能够对学生当堂课的表现评分，只能通过随机点名形式对学生的参与度进行记录。

四、结语

使用信息化平台开展教学活动是对传统教学模式的改革，能

够紧跟信息化时代的步伐，充分利用信息科技优化教学板块设置，提升教学质量，使教学活动更具科学性和可衡量性。不同的信息化平台有其自身的优势和弊端，因而在教学活动中，应考虑采用多信息化平台结合的混合式教学方式，取长补短，充分利用和发挥信息化教学模式的优势，营造自由化和可量化的课堂教学环境，提高教学质量和效果。

参考文献：

[1] 田爱丽，吴志宏. 翻转课堂的特征及其有效实施——以理科教学为例[J]. 中国教育学刊，2014（8）：29－33.

[2] 臧晶晶，郭丽文. 滴水成雨——走进雨课堂［J］. 信息与电脑，2016（8）：235－236.

[3] Yu Lei，Qi Zhenguo. Research on Current Situation of Educational Technology Ability for College English Teachers［C］. International Conference on Education Technology and Information System，2013：119－202.